Hermann Wagener

Erlebtes, meine Memoiren

aus der Zeit von 1848 bis 1866 und von 1873 bis jetzt

Hermann Wagener

Erlebtes, meine Memoiren

aus der Zeit von 1848 bis 1866 und von 1873 bis jetzt

ISBN/EAN: 9783744617703

Hergestellt in Europa, USA, Kanada, Australien, Japan

Cover: Foto ©ninafisch / pixelio.de

Weitere Bücher finden Sie auf **www.hansebooks.com**

Erlebtes.

Meine Memoiren aus der Zeit von 1848 bis 1866
und von 1873 bis jetzt.

Von

Hermann Wagener,

Wirklichem Geheimen Ober-Regierungs-Rathe.

R. Pohl,
Verlag und Antiquari
Berlin SW., Wilhelmstrasse 122a.
1884.

Die über Erwarten freundliche Aufnahme, welche meine kleine Schrift über die Politik Friedrich Wilhelm IV. fast ausnahmslos gefunden, und die vielfachen seitdem an mich ergangenen Aufforderungen, das, was ich darin und zwar absichtlich mit Stillschweigen übergangen, um das Bild des hochseligen Königs nicht mit Kleinigkeiten zu verwirren, anderweit nachzuholen, haben in mir den Entschluss zur Reife gebracht, meine eigenen Erlebnisse während jener denkwürdigen Epoche in ihrer Gesammtheit insoweit zur Darstellung zu bringen, als mir nicht durch die Rücksicht auf meine vorübergehende Beamtenstellung Stillschweigen auferlegt wird. Ich werde dabei meine eigene Person so viel als möglich in den Hintergrund treten lassen und von mir selbst nur so viel sprechen, als zum Verständniss des Zusammenhanges unumgänglich ist, und als ich es mir selbst und meiner Familie schuldig zu sein glaube, gewisse traditionelle, seit nunmehr zehn Jahren cultivirte Verleumdungen auf ihren wahren Werth zurückzuführen.

Meine öffentliche Laufbahn hat damit begonnen, dass ich nach absolvirtem dritten juristischen Examen, und zwar auf die Empfehlung des Präsidenten von Gerlach, zu dem verewigten Freiherrn Senfft von Pilsach in die bereits erwähnte Vertrauensstellung trat und von dort im Jahre 1847, und zwar wiederum durch Vermittelung des Herrn von Gerlach, als Oberlandesgerichts- und Consistorial-Assessor nach Magdeburg berufen wurde. In letzterer Eigenschaft habe ich die damalige Demonstration der Magdeburger Bevölkerung gegen das dortige, unter dem Präsidium Göschel's stehende, Consistorium mit durchlebt und speciell die Disciplinar-Untersuchung wider Uhlich geführt, wobei ich zur Steuer der Wahrheit nicht unerwähnt lassen will, dass Uhlich sich bei dieser Veranlassung durchaus würdig benahm und dass mir seine damalige grosse Popularität durchaus nicht auffällig war, da er im Unterschiede von vielen seiner Amtsbrüder, selbst der orthodoxen, sehr eifrig — allerdings auf seine Art — specielle Seelsorge trieb, für Jedermann zu jeder Zeit zu sprechen war und von den Armen als der gefeiert wurde, bei welchem sie nicht blos geistlichen Rath, sondern auch leibliche Hilfe ohne alle Ostentation fanden.

Als mit dem Ausbruch der Empörung März 1848 das damalige Musterbild der politischen Freisinnigkeit, der Graf von Schwerin, Cultusminister wurde, war seine erste That in Magdeburg natürlich die, die Vertreter der orthodoxen Richtung im Consistorium ohne Weiteres zur Disposition zu stellen und dadurch den überzeugendsten Beweis zu liefern, was der liberale Freisinn unter Toleranz versteht und wie ernsthaft der Satz gemeint war, dass Niemand seines Glaubens wegen aus seiner Stelle entfernt werden dürfe. Dessgleichen machte der neue Justizminister Herr Bornemann meinem Commissorium beim Oberlandesgericht in Magdeburg ein Ende, war indess wenigstens so freundlich, mir eine commissarische Stellung bei dem Land- und Stadtgericht in Salzwedel mit einem Einkommen von täglich einem Thaler und zehn Silbergroschen anzubieten, eine Freundlichkeit, von der ich freilich aus Rücksicht auf Weib und Kind keinen Gebrauch machen konnte. Gleichzeitig wurde auch dem Präsidenten von Gerlach, welcher damals neben dem Polizeidirector von Kamptz der bestgehasste Mann Magdeburgs war, und zwar angeblich aus Sorge für seine persönliche Sicherheit, die Offerte gemacht, in das Justizministerium einzutreten und dort, wenn ich nicht irre, eine neue Hypothekenordnung auszuarbeiten. Bekanntlich war Herr von Gerlach durchaus nicht furchtsam und zog es desshalb vor, in seinem Amte als Chefpräsident des Oberlandesgerichts zu verbleiben, in welcher Stellung er sich demnächst der Achtung und des Anerkenntnisses aller Parteien und zwar gleichmässig durch seine Tüchtigkeit wie durch seine Gerechtigkeit erfreute.

Im Laufe des April 1848 begannen dann die Vorbereitungen zur Begründung der „Neuen Preussischen Zeitung" und wurde ich aufgefordert, die Chefredaction derselben zu übernehmen, da ich den Führern der royalistischen Partei (denn von einer conservativen im heutigen Sinne konnte damals noch nicht die Rede sein) durch meine Mitarbeit am „Rheinischen Beobachter" als Journalist bekannt geworden war, ein Anerbieten, welches ich um so lieber annahm, als ich von jeher eine entschiedene Neigung zur Publicistik gehabt habe.

Wer jene Zeit nicht selbst mit durchlebt hat, der kann sich gar keine Vorstellung machen von der tiefen Entmuthigung, welche in den betreffenden Kreisen herrschte. Aeusserungen wie die: „Ich will ja gern mein Scherflein dazu beitragen, aber es ist doch Alles umsonst", waren durchaus nichts Seltenes, ebenso wie es kaum noch überraschte, dass Männer, welche man bis dahin für in der Wolle gefärbt gehalten hatte, plötzlich eine Achsschwenkung vollzogen und ihre ganze Vergangenheit verdammten. Wiederum war es hier der Präsident von Gerlach, welcher wie ein Fels im Meere dastand, und wenn ich denselben in meiner Schrift „die Politik Friedrich Wilhelm IV." weniger in den Vordergrund gestellt habe, so ist dies keineswegs aus einer Verkennung seiner Verdienste, als vielmehr um desswillen geschehen, weil seine Persönlichkeit dem hochseligen Könige weniger sympathisch war und er desshalb nicht eine so nahe persönliche Stellung zu demselben hatte.

Die eigentlichen sachlichen Verhandlungen wurden zu Dreien gepflogen, und zwar in der Wohnung des Generals von Gerlach, welche sich damals in dem in der Nähe von Sanssouci gelegenen Gasthofe „zum schwarzen Bären" in Potsdam befand. Als weiterer Kreis waren dabei betheiligt: der Graf Voss, der Herr von Bethmann-Hollweg, der Baron Senfft von Pilsach-Sandow und der spätere Gesandte in Paris Graf von der Goltz.

Gewiss wird es für Viele nicht ohne Interesse sein, das ursprüngliche Programm der „Neuen Preussischen Zeitung" näher kennen zu lernen, um so mehr, als sich aus demselben ergiebt, dass man schon damals die socialen Fragen als gleichwerthig mit den politischen behandelte und weit davon entfernt war, die Aufgabe der Zukunft in einer mechanischen Reaction zu suchen. Das betreffende Programm lautet wörtlich:

„Die reissende Gewalt, mit welcher sich die Revolution in unserem Vaterlande Bahn gebrochen, die Veränderungen, welche sie uns gebracht hat und mit welchen sie uns noch bedroht, die Lehren, aus welchen dies Alles geboren worden ist, machen es zur unabweislichen Pflicht, den entfesselten Geistern der Empörung mit Kraft und Nachdruck entgegenzutreten. Jedoch hiermit allein, mit dem blossen Bekämpfen und Bestreiten, ist es nicht gethan, vielmehr gilt es, neben dem Kampf gegen die Revolution und ihre verderblichen Grundsätze und Consequenzen zugleich eine positive Stellung zu der neuen Ordnung der Dinge einzunehmen, denn nur Dem gehört die Zukunft, der auf die bewegenden Gedanken der Gegenwart positiv einzugehen vermag.

In dieser doppelten Richtung auf dem Gebiet der Tagespresse wirksam zu sein, ist Zweck und Aufgabe des unter dem Namen: „Neue Preussische Zeitung" und unter dem Zeichen des eisernen Kreuzes neu zu begründenden Blattes. Wir wollen demnach mit diesem Blatte kein mechanisches Reagiren, kein principloses Represtiniren eines früheren Zustandes, kein blosses Hemmen und Negiren der neuen Entwickelung. Wir wollen aber auch nicht, dass die Revolution, die als Thatsache nicht ungeschehen zu machen ist, sich als Princip unseres öffentlichen Lebens festsetze, dass dem deutschen Volke im Namen der Freiheit und des Fortschritts fremde und undeutsche Institutionen aufgedrungen werden, die uns mit dem Verluste wie der heiligsten sittlichen Güter, so auch der ganzen Summa an Recht, Gesittung und Bildung bedrohen, die ein kostbares Erbe unserer geschichtlichen Vorzeit, der Schmuck und Ruhm unseres deutschen Vaterlandes sind. Diesen Tendenzen und dem zerstörenden Nivellirungstriebe der Zeit gegenüber werden wir die wahren und geschichtlichen Grundlagen unseres Staats- und Rechtslebens geltend machen. Wir werden das Recht von oben gegen die willkürliche Rechtsbildung von unten nach einem nirgend dargethanen bloss vorgeschützten Rechtswillen, die Obrigkeit von Gottes Gnaden gegen selbstzusetzende und selbstzuentsetzende Machthaber vertreten, die geltende Rechtsordnung und die dadurch geschützten Interessen gegen offene und versteckte Gewalt, gegen das Andrängen eines alle Ungleichheit nicht aufhebenden, sondern umkehrenden Radicalismus vertheidigen. Zugleich werden wir aber in der neuen Ordnung der Dinge, die wir mit ihren Verheissungen ernst beim Wort nehmen, diejenigen Elemente aufweisen, welche wahre Realität und Inhalt haben, die lebensfähigen Triebe (unter organischer Anknüpfung an das geschichtlich Gegebene) zu positiven Bildungen und wirklichen Lebensmächten zu entwickeln und so zu zeigen suchen, wo wahre Freiheit und wahrer Fortschritt liegt.

Wir stellen uns deshalb mit unserem Blatt unter das Panier „Vorwärts mit Gott für König und Vaterland", unter dasselbe Panier, unter welchem Preussen schon einmal durch sein tapferes, auch jetzt als treu und unbefleckt bewährtes Heer die Freiheit Deutschlands von revolutionärer Knechtschaft erkämpft hat, womit wir zugleich aussprechen, dass wir nur in der Stärke und Macht Preussens die Einheit und Selbstständigkeit des deutschen Gesammtvaterlandes nach Innen wie nach Aussen gesichert sehen. Den politischen und socialen Fragen hauptsächlich zugewendet, werden wir doch zugleich das Recht und die Freiheit der christlichen Kirche in allen ihren Confessionen heilig halten und, so oft die Umstände es erfordern, vertheidigen. Innerhalb dieses Kreises werden wir uns mit möglichster Freiheit und Weite bewegen, jedoch überall von unseren Freunden und Mitarbeitern Wahrheit und Wahrhaftigkeit verlangen. Namentlich werden wir es als unseren Beruf ansehen, den jetzt mehr als je hervortretenden Lügen und Verleumdungen zu begegnen und unsere Leser bitten, uns hierin kräftigst zu unterstützen. Im Uebrigen gedenken wir, Niemanden von unserer Gemeinschaft auszuschliessen, der uns nicht als seine Gegner betrachtet, und, mit Vorbehalt unserer Erwiderung, selbst Gegnern das Wort zu gestatten.

Die innere Entwickelung Preussens und Deutschlands wird der nächste Gegenstand unserer Thätigkeit sein; aber das Ausland ist vom Inland jetzt weniger als je zu trennen; wir werden daher auch in dieser Beziehung, während wir nach möglichster Vollständigkeit und Gründlichkeit der Nachrichten streben, die oben angedeuteten Gesichtspunkte festhalten."

In der Einladung zur Betheiligung wurde dann noch Folgendes bemerkt:

„Die ernsten und bedeutungsvollen Ereignisse der neuesten Zeit wollen es nicht länger gestatten, Dessen, was die Zukunft uns bringen wird, in stummer Erwartung zu harren, vielmehr ergeht jetzt, wo die Presse für frei erklärt worden ist und wo es daher so nahe liegt, Schweigen für Verleugnen zu halten, an

Die, welche noch an dem alten Vaterlande festhalten und Wahrheit und Recht lieben, der dringende Ruf. unter den vielen Stimmen, die inzwischen laut geworden sind, auch die ihrige vernehmen zu lassen. In Erwägung dieser Nothwendigkeit hat sich ein Kreis gleichgesinnter Männer entschlossen, in der Tagespresse ein Organ zu begründen, dessen Tendenzen in dem beifolgenden Programm dargelegt sind und welches als Zeitung im vollen Sinne des Wortes täglich — mit Ausnahme der Sonn- und Festtage — erscheinend, für die Subscribenten eine andere Tageszeitung entbehrlich machen soll.

Für die Ausführung sind die erforderlichen Verhandlungen mit geeigneten Personen angeknüpft und wird es deshalb, da auch der Betheiligung sowohl hiesiger als auswärtiger wissenschaftlicher Notabilitäten mit Zuversicht entgegengesehen werden darf, nur darauf ankommen, dem Unternehmen die nothwendigen Geldmittel zu sichern.

Als nothwendig für die Begründung und Erhaltung des Blattes aber hat sich nach näheren Ermittelungen ein Capital von 20,000 Thlrn. herausgestellt, welches am zweckmässigsten durch Actien à 100 Thlr. aufgebracht werden wird. Wir beehren uns deshalb, durch Mittheilung der beiliegenden Subscriptionsliste zur Unterzeichnung aufzufordern, indem wir hiermit zugleich die Bitte verbinden, dem Gedeihen des Blattes auch sonst durch Zuwendung von Abonnenten und Inseraten förderlich zu sein.

Die Stellung des Redacteurs ist, wie die Natur der Sache es mit sich bringt, auf besonderes Vertrauen gegründet und daher eine selbstständige, unter moralischer Verantwortlichkeit gegen die Actionärs."

Das leitende Comité bestand damals aus dem Grafen von Voss, dem Herrn von Bethmann-Hollweg, dem Kammerherrn I. Maj. der Königin Elisabeth, Grafen von Finckenstein, dem Baron Senfft von Pilsach auf Sandow, dem General von Gerlach und dem Präsidenten von Gerlach. Der Chefredacteur war durchaus frei und selbstständig gestellt. Es heisst darüber: „Dem Oberlandesgerichts-Assessor Wagener gegenüber sollen die Rechte des Comités nachstehend so bestimmt werden, wie — völliges Vertrauen in die Person des Oberlandesgerichts-Assessor Wagener als Redacteur vorausgesetzt — der Zweck, die Zeitung

überhaupt und namentlich in dem Geiste, in welchem sie begründet worden, auch nach seinem etwaigen Abgange zu erhalten, es erfordert.
1. Demgemäss ist das Comité nicht berechtigt, dem Oberlandesgerichts-Assessor Wagener, so lange er Redacteur bleiben kann und will, die Redaction abzunehmen;
2. Von der anderen Seite ist aber auch der Oberlandesgerichts-Assessor Wagener, so lange er Redacteur ist, bei übrigens völliger Selbstständigkeit in der Redaction der Zeitung und Verwaltung des Zeitungsfonds, moralisch gebunden an das Programm und die Einladung, welche im April 1848 erlassen worden sind;
3. Es ist ferner dem Comité ein votum consultativum in allen die Zeitung betreffenden Angelegenheiten und
4. die Einsicht in die übersichtlich von ihm zu führenden Rechnungen des Zeitungsfonds zu gestatten verpflichtet."

Zur Charakteristik der damaligen Stimmung lasse ich hier einen kurzen Auszug aus der damaligen Correspondenz folgen.

Aus Pommern. „Es findet eine weitverbreitete Furcht statt, dass das Unternehmen zu sehr pietistisch sein werde, das heisst zu sehr christlich, und leider auch unter den sogenannten Conservativen bekommt der grösste Theil bei dem blossen Gedanken ein Gruseln. Es wird Dir sehr schwer werden, einen Gang zu nehmen, der auch nur die Mehrzahl der Conservativen befriedigt, denn das muss freilich Dein Ziel sein, nicht bloss eine bestimmte Meinung auszusprechen und damit das Gewissen zu wahren oder selbst eine glänzende Opposition zu machen, sondern die zersprengten Conservativen zu sammeln, eine mächtige conservative Partei zu bilden, wie Peel nach 1830 in England gethan (ohne dass Du darum ganz dessen Grundsätzen folgen sollst). Ihr habt verheissen einzugehen auf die die Gegenwart bewegenden Ideen. Neben der Politik ist eine der gegenwärtig wichtigsten Fragen, da ja überhaupt Alles zum Materialismus drängt, die über „Freihandel und Schutzzölle", sie ist sehr schwer zu verstehen und gründlich zu behandeln und doch muss eine ordentliche Zeitung gegenwärtig darüber eine feste Meinung gewinnen. Wir Pommern sind alle Freihändler. v. K."

Aus der Mark. „Euer pp. gefälliges Schreiben in Betreff der Begründung einer conservativen Zeitschrift veranlasst mich,

hier einige Gedanken auszusprechen. Wir gehen wie in Frankreich dem Umsturz der gesellschaftlichen Ordnung und des Thrones entgegen trotz dem entgegengesetzten Willen von neun Zehntel der ganzen Bevölkerung und zwar lediglich deshalb
1. weil es von Oben an Entschlossenheit fehlt, sich auf die gutgesinnte Masse zu stützen, weil man mit Zugeständnissen Leute befriedigen will, die nur der Galgen befriedigen kann, weil man Schurken wie Ehrenmänner behandelt;
2. weil unsere Partei Etwas besitzt, folglich, in der Angst dies zu retten, feig, erbärmlich feig ist und nicht merkt, dass man ihr das Brett unmerklich unter den Füssen wegzieht;
3. weil unsere Gegner nur gewinnen können, denn sie haben nichts zu verlieren, deshalb sind sie kühn und entschlossen, Alles zu wagen bereit, endlich aber sind sie in grossen Städten concentrirt und wir sind auf dem Lande zerstreut, sie können in wenigen Augenblicken durch Reden entflammt werden, wir dagegen müssen den langsamen Weg der schriftlichen Mittheilung wählen, der ohnehin nur ein schlechtes Palliativ für die Rede ist. Aber was hilft es?

Nun zu Ihrem Vorschlag. Darüber habe ich noch verschiedene Bedenken.
1. Sie sagen nicht, wo das projectirte Blatt herauskommen soll? Nur wenn es in Berlin herauskommt, kann es nützen.
2. Wer soll an der Spitze stehen? Dies müsste doch ein von der Actiengesellschaft zu wählender Ausschuss sein.
3. Wer soll Redacteur sein?
4. Auf welche permanente Mitarbeiter ist zu rechnen?

Dies sind Hauptpunkte, welche feststehen müssen, bevor sich beurtheilen lässt, ob das Blatt nutzen kann oder nicht und ob es zu etwas führt, wenn man sich dabei betheiligt. Es gehört übrigens weit mehr Talent dazu, um mit Nutzen conservativ zu sein, als dazu, um in der Opposition zu glänzen und zu schaden. Wäre es nicht möglich, ein bereits bestehendes Blatt zu kaufen oder zu unterstützen und dadurch dessen Richtung zu begleichen? Sollte Herr I. nicht sich, seine Seele und sein Blatt verkaufen? Der Mann ist ein so gründlicher Schurke, dass man dergleichen edle Thaten wohl von ihm hoffen darf. v. W."

Aus Pommern. „Euer pp. gedrucktes Anschreiben vom 19. Mai cr. habe ich erhalten und erwidere darauf, dass ich ganz dem Programm der projectirten Zeitung entgegengesetzte Grundsätze habe, dass ich selbst mithin weder zeichnen noch subscribiren werde. Ein Versuch, den ich nach dem Anschreiben in meinem Kreise versuchte, — ich machte das Schreiben nebst Beilagen im hiesigen Constitutionellen Club bekannt, um etwa Subscribenten oder Zeichner zu erwerben — erregte neben lautem Gelächter auch Unwillen. Man hatte die Ueberzeugung gewonnen, dass die alten Wahrzeichen von 1813 jesuitisch in der neuen Zeit gemissbraucht würden, um die Errungenschaften der Neuzeit zu verkürzen. Kurz es war die Stimmung sehr gegen das Project in meinem Kreise, der allerdings weder aus hochadeligen Junkern noch frömmelnden Priestern, sondern aus schlichten, einfachen, aber intelligenten, dem Fortschritt unbedingt ergebenen Männern besteht. Von dem Radziwill-Bismarck'schen Project habe ich einmal so in der Ferne gehört, aber Gottlob bin ich nie damit in Berührung gekommen, da ich ungefähr vermuthen kann, was das Ding hat werden sollen. v. Z." — NB. (Dem Schreiber würde es heute wahrscheinlich sehr unbequem sein, wenn ich seinen Namen nennte. D. Verf.)

Aus Sachsen. „P. P. Die allgemeine Verwirrung der Verhältnisse und Begriffe in Berlin hat es mir noch anschaulicher gemacht, wie nothwendig es sei, ein Organ zu erhalten, das es sich zur Aufgabe macht, zu dem Aufbau der neuen Zeit auf dem Grunde des sittlichen Begriffs vom Staate und der Heiligkeit des Rechts zu helfen. Ich habe darüber mit den Brüdern Nathusius am vergangenen Sonntage in Althaldensleben, gestern mit unserem Landrath gesprochen. Ersteres noch in Erwartung des Programms. Bei Allen glaube ich eine Uebereinstimmung mit den wesentlichen Punkten des Programms voraussetzen zu dürfen. Ich rechne dahin namentlich das Anerkenntniss der Revolution als Thatsache und das Bestreiten derselben als rechtliches Princip der weiteren Entwickelung, den Nachweis der sittlichen Grundlagen des Staates und des tieferen und ewigen Grundes der obrigkeitlichen Gewalt, die Pflege des geschichtlich begründeten preussischen Geistes als Norm für die Entwickelung Deutschlands.

Eigentliche Reaction ist meines Erachtens unmöglich, ich halte dafür, dass die altpreussische Staatsidee durch die zerstörende Gewalt der Ereignisse wirklich zerschlagen und zertrümmert, dass das alte Haus niedergebrannt ist und dass es darauf ankommt, ganz neu zu bauen nach neuen Bedürfnissen und mit vollständiger Selbstverleugnung der persönlichen Vorliebe für die Wohnlichkeit des alten Hauses.

Das Schwierige ist unstreitig nun auszusondern, was an der alten Staatsidee ewiger und unveräusserlicher Natur war, um es in die neue mit hinüberzunehmen und den positiven Standpunkt festzustellen, der bei der Neubildung festzuhalten.

Sofern es nun auf die Gründung einer Zeitung ankommt, bin ich der Ansicht, dass es sich nicht sowohl um eine Selbstbefriedigung geistes- und gesinnungsstarker und bereits einiger Männer handelt, sondern um die Vereinigung aller conservativen Richtungen um ein gemeinschaftliches Banner, um einen Anhaltspunkt für Alle, die bei der neuen Entwickelung Ordnung und Recht geachtet wissen wollen, um breite Grundlagen und den Satz, dass, wer nicht wider mich, für mich ist; auch um einen Trost für die Schwachen. Darf ich in dieser Beziehung eine Meinung aussprechen, so möchte es für die Theilnahme der Sache in weiteren Kreisen und für die Beseitigung allen Misstrauens vielleicht gut sein, bestimmter auszusprechen, zu welchen Grundsätzen der neuen Staatsentwickelung die Zeitung sich bekennt. Nach meiner Ueberzeugung sind die Verheissungen des Königs unabweisliche Dinge, daher Bekenntniss zu dem Gedanken constitutioneller Monarchie, sogar auf breitester Grundlage (oh weh!), wenngleich in anderer Form, Trennung von Staat und Kirche, selfgovernment in den zulässigen Stücken. Alle diese halte ich dafür ehrlich wollen zu müssen, ohne Rücksicht auf meine Sympathien.

. . . Die Wahlen sind hier ausgefallen, wie in den meisten Kreisen. Die kleinen Leute haben durch das grössere Gewicht gesiegt und die gewählt, die ihnen das Meiste zu versprechen das weiteste Gewissen hatten. N."

Aus Sachsen. .. . . . . Das Programm, soviel ich bis jetzt gehört, findet unter unseren Freunden überall Beifall — ein gutes Omen. Inzwischen beginne ich, ernstlich tüchtige Mitarbeiter zu werben, damit die Versicherung von den literarischen Notabilitäten zur Wahrheit werde... Der Augenblick und die Verhältnisse sind uns günstig, denn alle diese Männer sehen, dass es so nicht fortgehen kann und dass die Presse das einzige Gebiet ist, wo sie jetzt zum Wort kommen können."

„... Sehr hätte auch ich gewünscht, Dich zu sprechen, aber ich konnte und kann auch jetzt immer noch nicht von hier fort, da täglich eilige Militärsachen kommen. Ueber unsere Zeit glaube ich im Ganzen ebenso zu denken, wie Du. Ich sehe auch darin den Anfang einer Revolutionszeit, einer Zeit des geistigen Erdbebens mit Stössen und Gegenstössen, welche aber heute zerstörend wirken. Es ist für mich der Anfang der Zeit des Verderbens, damit aber allerdings auch der Anfang des Endes, denn nach den Prophezeiungen, welche wenigstens diese Ansicht zulassen, sehe ich nicht ab, wie es anders kommen kann, als dass Glaube, Christenthum, Wahrheit und alles Gute, was hieran hängt, nebst den Gläubigen und Guten selbst von der Welt abgesondert und ausgestossen wird... Ich glaube daher, dass anstatt, wie es sein sollte und wie es bisher war, mein christlicher Einfluss durch das Amt verstärkt wurde, wird er jetzt, wie es mir scheint, geschwächt, gelähmt und unfrei gemacht. Adel, Muckerthum und Amt ist überall die Zielscheibe des Alles auflösenden Zeitgeistes, und wo nun gar diese drei Factoren zusammenkommen, ist das Mass voll. Besonders wird ein jedes Amt für den Adel und den Mucker jetzt sehr schwierig, ja, ich fürchte, theilweise bald unmöglich. Sollte ich daher zu der Erkenntniss kommen, dass ein Anderer in meinem Amte mehr nützen könnte, als ich und dass ich wiederum als Privatmann und als Christ mehr vermöchte, als als Beamter, so würde ich nothwendig es für Pflicht halten müssen, das Amt niederzulegen. v. Kr."

Aus Westphalen. „... Die schon seit Jahren durch Wort und Schrift vorbereitete Unterwühlung der Rechtsprincipien ist in der neuesten Zeit dadurch zum Ausbruch gekommen, dass sich die Verfechter derselben an die Spitze der rohen Gewalt gestellt und sich derselben bedient haben, um ihren falschen Theorien durch Furcht Geltung zu verschaffen. Wenn es ihnen Gottlob bis jetzt nur gelungen ist, sich unter der rohesten Masse der Besitzlosen, namentlich in den Städten Anhang zu verschaffen, wohingegen der Kern der Nation, nämlich der Ackerbau treibende Stand, der sich im preussischen Staate in einem erfreulichen Wohlstande befindet, den jetzigen Umtrieben gleichgiltig zuschaut, ja demselben entschieden abhold ist, so scheint es mir, dass Zeitschriften, wie das mir vorliegende Programm beabsichtigt, weder geeignet sind, auf die Grundsätze und Ansichten der mittleren Schicht der Bevölkerung einzuwirken, noch schon jetzt zur Widerlegung Derjenigen führen, welche die sogenannte Intelligenz repräsentiren.

Denn wenn es keineswegs wünschenswerth scheint, dass der schlichte, noch weniger aber der etwa halbgebildete Landmann, noch mehr, als es jetzt schon geschieht, seine Zeit der Lectüre periodischer Schriften zuwendet, so glaube ich aus dem Programm der angekündigten „Neuen Preussischen Zeitung" zu entnehmen, dass sie mehr für die höheren Stände bestimmt ist. Was aber die Leiter der jetzigen schlechten Presse anlangt, so kämpfen sie mit zu überwiegenden Waffen gegen die Tendenzen einer achtungswerthen Schreibart und Schlussfolgerungen der Männer, die sich zu sehr selbst achten, um sich der Scheingründe und principienlosen Exclamationen der Gegner zu bedienen. Wenn ich mich vor Jahren schon aus inniger Ueberzeugung dafür ausgesprochen habe, dass die Censur nicht mehr im Stande war, der Zügellosigkeit der schlechten Presse entgegenzuwirken, vielmehr der festen Ueberzeugung lebte, dass die schlechte Presse sich durch eigenen inneren Widerspruch selbst das Grab graben müsse, so lebe ich noch jetzt dieser Hoffnung und hege zu dem gesunden Sinne der grossen Masse der deutschen Bevölkerung, namentlich der Kernprovinzen des preussischen Vaterlandes, das Vertrauen, dass die Exaltation der Ehrlichen sich von selbst legen und Repression der Böswilligen bald erfolgen werde. Ob der jetzige Gewittersturm baldigst schon eine Luftreinigung und heiteren Himmel herbeiführen, welche Zerstörungen er mit sich führen werde, dies Alles steht in einer höchsten Macht, welcher Niemand entgegenzustreben vermag. Grf. H.

Selbstverständlich rühren alle diese Briefe — denen ich noch eine lange Reihe hinzufügen könnte — von Männern her, welche man damals als die energischsten und zuverlässigsten Vertreter des conservativen Gedankens betrachten zu dürfen glaubte. Auf der Rundreise, welche ich demnächst durch Deutschland und Oesterreich zu dem Zwecke machte, Theilnahme und Mitarbeiter auch in weiteren Kreisen zu gewinnen, traten mir noch viel drastischere Erscheinungen entgegen. Man war vielfach nicht übel geneigt, den ganzen Plan als die fixe Idee eines nicht ganz zurechnungsfähigen Menschen und mich selbst als eine interessante psychologische Erscheinung zu behandeln und mir dabei das wohlwollende Prognostikon zu stellen, dass ich bald mit der Laterne und dem Strick nähere Bekanntschaft machen würde. Man hielt das Ganze für ein Hirngespinst, dessen Gelingen von vornherein ausgeschlossen sei, und selbst Diejenigen, welche nach langem Bemühen Mittheilungen in Aussicht stellten, machten dabei die Bedingung, dass ihr Name niemals genannt werden dürfe.

Nichtsdestoweniger kam ich von dieser Reise mit der Ueberzeugung zurück, dass es in Preussen immer noch viel besser stünde, als anderswo und namentlich wie in Oesterreich, wo damals die akademische Legion in der Hauptstadt regierte, wo ich den ersten Soldaten, einen alten Feldwebel, in dem Innern der Hofburg erblickte und wo dennoch die Personen, zu denen ich dort in nähere Beziehung trat, die Grafen Wolkenstein, Wurmbrand und deren Gesinnungsgenossen, an der Restauration ihres Vaterlandes und der kaiserlichen Gewalt nicht verzweifelten und ein Kartell anboten, dem ich viel Information und Förderung verdanke und welches sich auch noch später dahin wirksam erwies, dass ich von einem Kreise hervorragender Männer, von denen ich neben dem Grafen Wolkenstein die Herren Grafen Clam-Martinitz, Grafen Thun. Grafen Belcredi nenne, bei der Begründung des Blattes „Vaterland" zu Rathe gezogen wurde und denselben in Prag den ersten Redacteur in der Person des, leider zu früh verstorbenen sehr begabten, Dr. Keipp zuführte.

Auf der Reise von Prag nach Wien im Mai 1848 bekam ich auch die Ueberzeugung in die Hand, dass der gegenseitige Hass der Nationalitäten und speciell der Deutschen und Czechen eine berechtigte Eigenthümlichkeit der österreichischen Monarchie ist. Eine gemischte Deputation, mit welcher ich in demselben — einem der grossen damals üblichen — Eisenbahnwagen fuhr, tobte so sehr untereinander, dass ich, da die sämmtlichen Mitglieder mit Hieb- und Schusswaffen versehen waren, in jedem Augenblicke den Ausbruch eines blutigen Kampfes erwartete. Mitte Juni wurden dann die ersten Probenummern ausgegeben und zwar mit solchem Erfolge, dass sogleich mit einem Stamm von dreitausend Abonnenten begonnen werden konnte, doch hat man heute schwerlich noch eine Ahnung von den Schwierigkeiten, mit denen jene bahnbrechende Thätigkeit verbunden war. Auf der Strasse wurden den Boten die Exemplare gewaltsam entrissen, zerrissen und in den Rinnstein geworfen; die Zeitungsspediteure getrauten sich nicht, dieselben anders als verhüllt anzunehmen; die Zahl der gemeinsten und unfläthigsten Drohbriefe war Legion und steigerte sich bis zur Drohung der Zerstörung unserer Maschinen, der Plünderung und eines kurzhändigen Todtschlages, so dass wir es dreimal für angezeigt halten mussten, Frau und Kind nach Potsdam zu entfernen und uns auf eine energische Vertheidigung vorzubereiten. Glücklicherweise war indess der Mund grösser, als der Muth und wir blieben wenigstens in unserem Heim unbehelligt. Selbstverständlich wuchs dieser Hass in dem Masse, als man mehr und mehr zu der Ueberzeugung gelangte, dass man die Bedeutung und Wirksamkeit des neuen Unternehmens unterschätzt habe.

Nicht ohne Humor war die Stellung, welche einige der damaligen Strassenhelden einnahmen. So erschien eines Tages der vielgenannte Lindenmüller, der seine Versammlungen unter den Linden an Kranzlers Ecke abzuhalten pflegte, in der Redaction mit einer grossen rothen Kokarde und mit dem Vorschlage, ein Kartell mit uns abschliessen zu wollen. Wenn sie siegten, wolle er dafür einstehen, dass wir nicht aufgehängt würden, und umgekehrt sollten wir dieselbe Verpflichtung gegen ihn übernehmen. Wir gingen gern auf diesen Vorschlag ein und war in Folge dessen Lindenmüller ein häufiger Gast in der Redaction. Als demnächst die Sache umschlug und Lindenmüller verhaftet wurde, erinnerte ich mich unseres Abkommens und schrieb an den Polizeipräsidenten, ob er mir wohl gestatte, dem Gefangenen eine Freundlichkeit zu erweisen. Auf ertheilte Erlaubniss schickte ich ihm eine Anzahl pommerscher Spickgänse und Flaschen Rothwein und schrieb dabei: Ich erinnere mich unseres Abkommens und wollte versuchen, ihn zunächst mit der reactionärsten Provinz Preussens und mit dem natürlichen Getränk des Norddeutschen auszusöhnen. Seine Antwort war ein Schachspiel, dessen Figuren aus Brodteig gemacht waren, und ein Schachbrett, auf dessen Rückseite die Inschrift stand: „Gebt den armen Leuten Brod und Ihr könnt regieren wie Ihr wollt und wir werden Eures Königs getreuste Unterthanen sein. Lindenmüller, Wühler von Profession." Bald darauf wurde derselbe in Freiheit gesetzt unter der Bedingung, nach Amerika auszuwandern, was er auch that und woselbst er — er hatte, beiläufig bemerkt, eine sehr ordentliche und verständige Frau — als Berliner Weissbierwirth zu einer gewissen Wohlhabenheit gelangte.

Im Uebrigen spielte auch schon damals das Geld eine hervorragende Rolle in den Reihen der Demokratie und es war nichts Seltenes, in verschwiegener Nachtstunde durch einen Besuch überrascht zu werden, der die intimsten Geheimnisse seiner Partei, frisch von den Führern bezogen, gegen gute baare Bezahlung zum Kauf anbot. Es waren unter diesen Führern einige, welche in der zehnten Abendstunde, wenn der Trunk seine Wirkung that, die ihre Geheimnisse bergenden Röcke auszuziehen und ohne Aufsicht hängen zu lassen pflegten. Auf diese Weise war die Redaction der „Kreuzzeitung" stets auf das Beste und, man darf wohl sagen, besser als die Regierung und die Polizei unterrichtet, doch haben wir dessenungeachtet niemals Sbirrendienste geleistet.

Die ersten stehenden Mitarbeiter waren die DDr. Hermes, Langbein, Georg Hesekiel, Gödsche, Adami und im gewissen Sinn auch der Präsident v. Gerlach als Verfasser der monatlichen Rundschauen, dessen Arbeiten ja freilich eine, über die gewöhnlichen journalistischen Leistungen hinausgehende Bedeutung hatten. Von diesen war der jetzige Hofrath Adami, was er auch heute noch zu sein scheint, Mitarbeiter am „Zuschauer" und Theater-Referent, Gödsche dagegen der eigentliche Redacteur des „Zuschauers" und Verfasser von mancherlei Plakaten, welche in jener Zeit Seitens der royalistischen Partei angeschlagen und verbreitet wurden. Letzterer war, wie er dies später durch seine vielgelesenen Romane noch mehr erhärtet hat, ein sehr gewandter Schriftsteller, besonders in dem sogenannten heroischen Genre.

Ausserdem war derselbe unermüdlich thätig, der Partei und deren Grundsätzen auch in den unteren Volksschichten Eingang zu verschaffen und die Demokratie lächerlich zu machen, wie dies besonders durch die Plakate geschah, welche Namens des aus drei Personen bestehenden „Centralvereins zur Wahrung der Rechte und Interessen der Provinzen" affichirt und von dem Berliner Philister stets mit einem gewissen Gruseln gelesen wurden. Der Dr. Hesekiel war eine Specialität in Allem, was sich auf Heraldik und Genealogie bezog, und bearbeitete mit besonderer Liebe die französischen Angelegenheiten, und zwar im Sinne des unbedingtesten Legitimismus, wobei er besonderen Werth darauf legte, einmal mit dem Grafen Chambord gespielt und von diesem einen goldenen Becher aus dem französischen Grossjägeramt erhalten zu haben. Dabei war er Dichter, Romanschriftsteller und Küchen-Philosoph und haben seine Leistungen auf den beiden letzteren Gebieten, insbesondere die socialpolitischen Romane, welche er zunächst für die Berliner „Revue" verfasste, einen mehr als vorübergehenden Werth. Die Herren Hermes und Langbein waren routinirte Journalisten und insbesondere war der Erstere von mehr als gewöhnlicher Befähigung. Als gelegentliche Mitarbeiter glaube ich auch noch den Herrn von Bismarck-Schönhausen und den Professor Dr. Pernice, zuletzt in Göttingen, bezeichnen zu müssen. Beide von hervorragender Begabung und Letzterer auch mit einer poetischen Ader, der manche Gedichte des „Zuschauers" ihre Entstehung verdanken. Sein berühmtes Gedicht „Ach lieber Vater Hinckeldey u. s. w." wird allen Zeitgenossen noch unvergessen sein. Während der parlamentarischen Verhandlungen erschien kaum eine Nummer der „Kreuzzeitung", welche nicht einen längeren oder kürzeren Artikel des Herrn von Bismarck enthalten hätte.

Sonst war die Mitarbeit, namentlich im Anbeginn eine recht sparsame und hat namentlich der Geheime Rath Professor Stahl, welchen man vielfach als den eigentlichen Inspirateur der Zeitung betrachtete, nur sehr wenig und sehr rhapsodisch für dieselbe geschrieben. Je zurückhaltender man aber mit der Beihilfe war, um so freigebiger war man mit Kritik und guten Rathschlägen, welche bekanntlich das journalistische Fegefeuer für jede Redaction sind, besonders wenn die betreffenden Ueberbringer Nichts zu versäumen haben und den unglücklichen Redacteur durch ihre Langwierigkeit und Langweiligkeit allmälig in einen Zustand versetzen, dass er in der That auf glühenden Kohlen zu sitzen glaubt. Selbstverständlich gab es hier auch rühmliche Ausnahmen und rechne ich hierher insbesondere den Vorsteher der hiesigen Sternwarte, Geheimen Rath Enke, welcher uns alles Ernstes den uns überraschenden Vorwurf machte, dass wir immer noch zu höflich wären und die Menschen für viel zu klug hielten: „Halten Sie die Masse der Menschen", sagte er, „für so dumm, wie es Ihnen irgend möglich ist, und Sie werden selbige immer noch überschätzen."

Anerkennend erwähnen muss ich dabei noch, dass sich die Führer der Demokratie in jener Zeit persönlich durchaus anständig gegen mich benommen haben, und zwar sehr viel anständiger, als später die eigenen Parteigenossen, wie mir dies besonders entgegentrat, als ich zum ersten Mal als Angeklagter in öffentlicher Gerichtsverhandlung erscheinen musste. Seitens der Polizei war mir die Mittheilung geworden, dass sämmtliche Führer der Demokratie dort versammelt sein würden, um mich nach Schluss der Sitzung zu misshandeln. Fortbleiben durfte ich natürlich nicht, nahm aber allerdings in den Zuschauerraum einige von meinen zuverlässigsten Leuten mit. Als ich den Sitzungssaal betrat, fand ich die Führer ziemlich vollständig versammelt, doch knüpften dieselben alsbald ein scherzhaftes Gespräch mit mir an, auf welches ich durchaus unbefangen einging, und als die Sitzung beendigt war, kamen selbige zu mir heran, boten mir die Hand und sagten, sie hätten diese Gelegenheit benutzt, um mir ihre Hochachtung zu bezeugen.

Inzwischen ging die revolutionäre Zersetzung ihren Lauf und wurde dadurch noch bedenklicher, dass sie auch in die oberen Kreise ihren Weg fand und dass von gewisser Seite sehr ernsthaft auf eine Thronentsagung des Königs Friedrich Wilhelm IV. hingearbeitet und Emissäre ausgesandt wurden, um in den Provinzen Petitionen in diesem Sinne zu Stande zu bringen. Dabei schossen neue Vereine und Verbindungen wie Pilze aus der Erde, doch hat die Partei der „Kreuzzeitung" zu allen derartigen Bestrebungen stets mehr eine beobachtende Stellung eingenommen und speciell den Treubund, als einen kleinen

Absenker des Freimaurerordens, von Hause aus mit entschiedenem Misstrauen behandelt.

Dagegen haben wir die Handwerkerbewegung, welche zu jener Zeit namentlich zu Frankfurt a. M. mit eben so viel Energie als Sachkunde betrieben wurde, von Anbeginn mit dem grössten Eifer unterstützt, und wer sich die Mühe geben will, die Verhandlungen der Handwerker-Versammlungen aus jener Zeit nachzulesen, der wird sich überzeugen, dass in der heutigen Handwerkerbewegung kaum etwas Neues zu Tage gefördert, sondern die Postulate und Motive von damals einfach wiederholt werden. Leicht begreiflicher Weise hielten indess diese Bestrebungen in den massgebenden Kreisen der Bourgeoisie nur so lange vor, als man sich noch vor den Bassermann'schen Gestalten fürchtete, um alsbald auch bei uns in die Etablirung der Geldherrschaft und des Regimes der Bourgeoisie umzuschlagen. Es ist hier der Ort, eines Mannes zu gedenken, der in der Handwerkerbewegung jener Zeit eine besonders hervorragende Rolle spielte, ich meine den leider zu früh verstorbenen Schuhmachermeister Panse, ein Mann, klug und gewandt, energisch und vorsichtig, dabei aufrichtig und zuverlässig, ein geborener Parlamentarier, gleich geschickt im Präsidiren wie im Debattiren, kurz ein Mann, der in einer Republik wie Amerika das Zeug zu einem Präsidenten gehabt haben würde. Seine Begabung war eine so hervorragende und überlegene, dass er von seinen Standesgenossen freiwillig und gern als Führer und Autorität anerkannt wurde. Ebenso glaube ich auch hier einen Mann in den Vordergrund stellen zu müssen, der, wie wenige seiner Standesgenossen, für alle gemeinnützigen Zwecke stets eine offene Hand hatte und nicht nur für die conservative Presse (Volksblatt, Berliner Revue) sehr bedeutende Geldmittel zur Verfügung stellte, sondern auch die Fonds gewährte, um über Alles, was damals in der National-Versammlung passirte, stets auf das Beste unterrichtet zu sein. Es ist dies der Baron von Hertefeld. Ein Original im besten Sinne des Wortes und etwas mit englischen und amerikanischen Partei-Anschauungen tingirt, so dass er niemals „Programm", sondern stets „Platform" sagte, war er politisch gern Einspänner, seinen eigenen Weg zu gehen, zählte jedoch zu den Wenigen, welche schon damals ein Verständniss für die socialen Fragen und deren Bedeutung hatten. Derselbe wurde später durch Allerhöchstes Vertrauen in das Herrenhaus berufen.

Dass unser Verhältniss zu den jeweiligen, glücklicher Weise sehr kurzlebigen, Ministern nicht gerade ein freundschaftliches war, liegt auf der Hand, doch wurden wir durch dieselben auch nicht gerade übermässig genirt, da sie Anfangs uns und unsere Bestrebungen unterschätzten und bereits abgenutzt waren, wenn sie erst anzufangen glaubten. Ausserdem war die Staatskunst der meisten über die Arithmetik nicht hinaus. Man zählte die Häupter seiner Lieben und darnach wurde gewirthschaftet: ein Spielwerk grosser Kinder mit der constitutionellen Theorie.

Zuerst Herr David Hansemann, unbedenklich der schlaueste und bis auf einen gewissen Punkt auch der thatkräftigste von Allen, der bei seiner Erhebung auf den Ministerstuhl — um mit Shakspeare zu reden — den tiefsten Ton der Leutseligkeit anschlug und den Biercomment in die Staatsministerial-Sitzungen einführte. Man tagte dort in Hemdsärmeln bei Bier und Cigarren, doch war Herr Hansemann einsichtig genug, sich ein kleines Privatkabinet einzurichten, welches er mit tüchtigen Leuten besetzte. Zu diesem Kabinet gehörten unter Anderen der spätere erste vortragende Rath im Staatsministerium Wehrmann, dessen Verbindungen mit der Familie Hansemann dauernde waren, sowie der damalige Regierungs-Assessor, spätere Minister Graf Eulenburg der Aeltere, welcher sich demnächst durch dies Verhältniss etwas genirt fühlte und deshalb später zu erzählen pflegte, dass er immer, wenn er dorthin oder von dort fortgegangen sei, den Mantelkragen über den Kopf geschlagen habe. Als Minister war Herr Hansemann übrigens kein Staatskünstler, sondern nur ein Rechenkünstler und seine constitutionelle Staatsweisheit beschränkte sich auf ein einfaches Additions- und Subtractionsexempel, da für ihn Nichts Werth hatte und er keinen anderen Massstab kannte als die Majorität. Minister wurde, wer eine grössere oder kleinere Heerde Stimmvieh hinter sich hatte. Diese Theorie trieb natürlich sonderbare Blüthen, so dass es einmal ganz nahe daran war, einen jüdischen Arzt, den Dr. Kosch aus Königsberg i. Pr., zum Cultusminister avanciren zu sehen, und dass ein neugebackener Minister, der Syndicus

Gierke aus Stettin, von seiner eigenen Frau als vom Grössenwahn befallen angesehen wurde. Freilich waren solche Minister auch nur Eintagsfliegen, und der „Kladderadatsch" bemerkte damals in seinem Nekrolog von dem Letzteren: „Stumm wie im Leben war er auch im Tode." Nichtsdestoweniger müssen wir dem Herrn Hansemann eine That nachrühmen, und das war die Schöpfung der Darlehnskassen, durch welche damals der Zerstörung des Credits und der Auflösung der wirthschaftlichen Verhältnisse in der wirksamsten Weise begegnet wurde, und zwar so wirksam, dass seitdem die Biedermänner, welche die Noth ihrer Mitmenschen auszubeuten pflegen, von einer Wiedereinführung derselben Nichts haben wissen wollen.

Von etwas anderem Genre war der Minister Camphausen der Aeltere, der sich von seinem jüngeren Bruder, dem demnächstigen Milliarden-Verwüster, zu seinem Vortheile dadurch unterschied, dass er nicht aus der Bureaukratie, sondern aus dem praktischen Leben hervorgegangen war und in seiner Selbstschätzung ein angenehmes Mass innehielt. Ueberdiess hatte er gewisse staatsmännische Alluren und Instincte, welche ihm das revolutionäre Treiben in der preussischen National-Versammlung bald abschmeckig machten und ihn befähigten, demnächst, nicht ohne Erfolg, als preussischer Vertreter bei der Centralgewalt in Frankfurt a. M. zu fungiren. Derselbe war ein ehrlicher Repräsentant des damaligen rheinischen Liberalismus, der, wenn auch in seinen politischen Conceptionen ziemlich seicht und oberflächlich, doch preussischen Patriotismus und Verständniss für die deutschen Zustände genug besass, um sowohl den deutschen Professoren-Schwindel als auch den Zusammenhang der demokratischen Linken mit der internationalen Revolution zu durchschauen und die fernere Gemeinschaft mit den Bassermann'schen Gestalten abzubrechen. Dass seine Ideale über die der Bourgeoisie hinausgingen, lässt sich schwer behaupten.

Eine dritte Figur war der auch später noch wiederholt auf der Bildfläche erschienene Graf von Schwerin-Putzar, welchem der damalige Herr von Bismarck-Schönhausen auf seine Frage, was er eigentlich gegen ihn habe, die höchst charakteristische Antwort ertheilte: „dass Sie nicht bei Prag gefallen sind." Auf kirchlichem Gebiete ein Schüler Schleiermacher's, den er jedoch leider missverstanden hatte, und auf politischem ein Autodidact, also Schüler eines Lehrers, von dem er nicht viel lernen konnte, hat derselbe in unserem Staatswesen mehr Unheil angerichtet, als er selber wusste und beabsichtigte. „Er spricht verwirrend und regiert auflösend", sagte damals die „Kreuzzeitung" mit Recht von ihm, und das Einzige, was er gut besorgte, war das Präsidium des Abgeordnetenhauses. Für dieses Amt besass er die erforderliche Ausrüstung in nicht gewöhnlichem Masse: einen Fonds von gesundem Menschenverstand, pommersche Nerven mit der entsprechenden Zuthat von landesüblicher Grobheit, eine gewisse Bonhommie, die es schwer machte, ihm zu zürnen, und ein aufrichtiges, wenn auch nicht immer mit Erfolg gekröntes Streben nach Unparteilichkeit. Herr von Vincke bezeichnete ihn einmal unter homerischem Gelächter als den Apotheker der Kammer, und der Graf hätte sehr wohl gethan, wenn er sich auf diese Rolle beschränkt und nicht auch den Doctor hätte spielen wollen. Als Redner konnte er nur so lange gelten, als die Kammerberedtsamkeit noch in den Kinderschuhen steckte, und seine späteren Versuche endigten mit einer kleinen Blamage.

Der Vierte, Herr Kühlwetter, der Erfinder der preussischen Constabler, war ein liberaler Bureaukrat. Nicht ohne praktisches Geschick und Energie, doch durch politische Principien nur wenig genirt, war er sehr erfreut, als es ihm gelungen war, sich aus den Berliner Wirren auf einen gesicherten bureaukratischen Posten zurückzuziehen, und wurde dieser Rückzug, der durch den Garten des Herrn von Auerswald geschah, von den Berliner Freiheitshelden mit Katzenmusik und Fenstereinwerfen begleitet. Von den Gebrüdern von Auerswald ist hier nicht viel zu sagen, weil sie in der That nicht viel bedeuteten und nur als Repräsentanten des plattesten Liberalismus angesprochen werden konnten. Was ihnen noch einiges Relief verlieh, war lediglich ihr Verhältniss zu gewissen hochgestellten Personen.

Die bedeutendste politische Persönlichkeit in den Flitterwochen der Märzrevolution war unzweifelhaft der schon früher als der westphälische Bauernkönig bekannte Obertribunalsrath Waldeck, ein Mann von Charakter und ein eifriger Katholik, der ein bestimmtes Ziel verfolgte, ohne zu sagen, welches dies sei, und bei dem man stets im Unklaren blieb, ob er seine Rolle

spiele, weil oder obgleich er Katholik war. Von ihm gingen
die Anträge aus, welche darauf berechnet waren, mit den alten
preussischen Zuständen tabula rasa zu machen und insbesondere
das preussische Königthum zu compromittiren und zu schwächen,
wie beispielsweise die Zurückweisung der Vereinbarung der Verfassung, die Vorlegung eines ganz neuen Entwurfs, der Antrag:
der Revolution in Wien zu Hilfe zu ziehen, die Verwerfung des
Belagerungszustandes mit der Anerkennung der Märzrevolution.
Ob derselbe, wie man damals vielfach annahm, direct auf die
Republik zusteuerte, ist uns stets zweifelhaft geblieben, wenngleich man sich nicht darüber täuschen konnte, dass selbiger ein
ausgesprochener Doctrinär mit einem etwas unklaren Pathos war
und schon damals Anflüge eines agrarischen Socialismus an sich
trug. Auf Seiten der Rechten der National-Versammlung, welche
indess keineswegs den Namen einer conservativen Partei verdiente, fehlte es Anfangs leider an jeder Capacität. Der bedeutendste war immer noch der Herr v. Meusebach, der gewisse
Charakterzüge der Edelleute aus der ersten französischen Revolution repräsentirte. Witzig, ohne Furcht, etwas pessimistisch
und blasirt und ohne feste religiöse und politische Principien,
machte er wenigstens aus seiner Geringschätzung des damaligen
revolutionären Treibens kein Hehl und war der Einzige, welcher
der Demokratie einigermassen imponirte. Eine eigentliche selbstbewusste conservative Partei begann sich erst mit der Entwickelung der „Kreuzzeitung" zu bilden und fand ihren Rückhalt
vorzugsweise in der nachwachsenden Generation, welche sich
allmälig von den Traditionen des bureaukratischen Absolutismus
freizumachen und zu der Erkenntniss hindurchzuringen wusste,
dass das theils verknöcherte, theils liberalisirende, mit der Milch
des Manchesterthums und des Constitutionalismus grossgezogene
Beamtenthum eine sehr mottenfrässige und unzuverlässige Basis
für die Krone Preussen sei und durch etwas Anderes ersetzt
werden müsse. Despotisch nach Unten und liberalisirend nach
Oben, war das Beamtenthum damals in einem Stadium angelangt,
dass man das Radetzkilied auch auf Preussen übertragen konnte
und dass man stets im Unklaren war, ob man mit den oder
gegen die Behörden zu operiren hatte. Die Verwirrung wurde
noch dadurch gesteigert, dass man bei der Rathlosigkeit und

dem schnellen Wechsel der Minister niemals genau wusste, wie oben der Wind wehte, wie sich dies so drastisch in dem bekannten Stossseufzer eines Geheimraths ausspricht, der da sagte: „Man trüge ja so gern den Mantel nach dem Winde. wenn man nur wüsste, woher er käme."

Hierzu kam noch, dass fast Alle, welche sich damals Royalisten nannten, in den Traditionen aufgewachsen waren, überall auf einen bestimmten Befehl von Oben zu warten und dass in Folge dessen nicht allein jede Initiative und jedes selbstständige Vorgehen in diesen Kreisen gleich Null war, sondern dass man auch jeden Versuch dazu als eine Emancipation von der königlichen Prärogative mit geheimem Misstrauen betrachtete.

Weit entfernt, den socialen Charakter der Bewegung zu erkennen und in derselben die Rückwirkung und den Widerschein der Erhebung des französischen „Volkes" gegen die zur Herrschaft gelangte „Bourgeoisie" zu erblicken, wusste man keinen besseren Aliirten zu finden, als die constitutionelle Partei, diesen Embryo der Bourgeoisie, und die Folge war natürlich, dass man je länger desto mehr wieder in die ausgefahrenen Wege des Bureaukratismus einlenkte und die Ueberwindung der Demokratie mit polizeilicher und militärischer Gewalt als das Ideal der Staatskunst feierte. Dass diese Ansicht keine einseitige ist, ergiebt ein späteres Schreiben des Präsidenten von Gerlach, welches eine Art von revue retrospective enthält; dasselbe lautet: „Die Masse der conservativen Partei besteht aus Regierungsmännern, Absolutisten, wenn Sie wollen, die die Regierung durchaus unterstützen und kräftigen wollen. Wenn diese in den vergangenen Jahren gegen einzelne Ministerialhandlungen aufzutreten vermocht wurden, so geschah dies, weil sie glaubten, dem Könige und zum Theil auch den Ministern selbst einen Gefallen zu thun, weil diese genöthigt gewesen wären, jene Handlungen oder Gesetze (z. B. die Gemeinde-Ordnung) wider ihren Willen zu erlassen. Unter diesen Umständen, wie sie nun wirklich einmal vorhanden sind, ist diejenige Opposition, welche man gegen einzelne Massregeln der Regierung führen zu müssen glaubt, eine höchst schwierige Aufgabe, welche mit der grössten Geschicklichkeit wird gehandhabt werden müssen, um nicht sogleich völlig bankerott zu machen. Eine systematische principielle Opposition der Rechten der nächsten Kammern gegen das Ministerium oder gegen Manteuffel halte ich für ein Unding. Man würde dazu kaum zehn Männer finden. Ich setze hinzu, dass ich diesen rohen und krassen Conservatismus, den Bildungsgrad der conservativen Masse, wie er ist, einmal vorausgesetzt, für etwas ganz richtiges halte. Diese Masse schliesst viele höchst ehrenwerthe Glieder ein, die nicht über den sehnlichen Wunsch hinauskommen, den König und die Regierung zu stärken und die das Geheimniss der Bosheit, welches im Absolutismus und Bonapartismus enthalten ist, nicht verstehen. Damit ist nicht gesagt, dass wir den Kampf gegen Absolutismus, Bonapartismus, Bureaukratie und gegen Manteuffel-Quehl-Franz je aufgeben dürfen. Das sei ferne! Wir müssen ihn aber in dem Bewusstsein führen, dass wir die Masse unserer Partei dabei nicht für uns haben, sondern zunächst auf diese selbst einzuwirken, sie zu belehren und zu leiten haben. Auf dem gemeinsamen Hintergrunde: König und Regierung zu stärken, der seine Wahrheit hat, wird der viel zartere Kampf gegen den Absolutismus sich erst recht verständlich und je feiner desto eindringlicher gestalten."

Nichts kann deshalb auch unrichtiger und ungerechtfertigter sein, als dass die „Kreuzzeitung" und deren specifische Partei dem Absolutismus Vorschub geleistet und dessen Restauration angestrebt oder gar den Czaren Nicolaus als ihr Ideal und ihren Schutzpatron angesehen habe. Auch hierüber spricht ein Schreiben des Präsidenten von Gerlach, mit dem ich Wort für Wort übereinstimme, in welchem es heisst: „Das Gegentheil der silbenstecherischen Auslegung ist nicht das Resultat, dass Jeder in der Auslegung so viel Recht hat als sein Gegner, auch nicht das Auflösen der Frage in grosse Interessen etc. Sondern das Gegentheil der silbenstecherischen Auslegung ist rechte staatsrechtliche Auslegung, auf welche wir uns allerdings einlassen müssen, was auch die Kosaken dazu sagen mögen. Wir dürfen nie am Recht — i. e. am concreten Willen Gottes — verzweifeln, weder daran, ihn zu erkennen noch daran, ihn geltend zu machen. Seien Sie nicht allzu russisch, vermeiden Sie auch den Schein davon. Wir müssen freie Männer bleiben auf unserem ewigen Fundamente. Mit dem Absolutismus des Czaren können wir nicht sympathisiren. Wir haben noch ganz andere Gegner und Leser als das vulgus der liberalen etc. Zeitungen."

Wir dürfen uns deshalb auch rühmen, gerade Diejenigen gewesen zu sein, welche die Rückkehr zu dem früheren unhaltbar gewordenen patriarchalischen Absolutismus verhindert und die rechten Wege angegeben haben, um die Machtfülle der Krone Preussen auch unter den veränderten Verhältnissen und nach dem Wechsel der Scenerie nicht blos aufrecht zu erhalten, sondern sogar noch zu steigern.

Dass wir im Anbeginn hier und dort eine etwas extreme Haltung einnahmen, beruhte auf der Lehre vom Hebel. Um das gegenüberstehende Extrem zu heben, mussten wir uns Anfangs ebenfalls auf das äusserste Ende setzen, doch war es niemals unsere Absicht, dort zu verbleiben.

Schwerlich hat damals irgend Jemand in Sr. K. H. dem Prinzen von Preussen, dessen Palais, und zwar wie man annahm von der Hand des Sohnes des Bischofs Eylert, mit dem Etikett „National-Eigenthum" versehen war, den künftigen deutschen Kaiser erblickt, doch dürfen wir wenigstens den Ruhm für uns in Anspruch nehmen, stets die gegen Höchstdenselben verübten Nichtswürdigkeiten beim rechten Namen genannt und seine Rückkehr ohne Aufschub und Bedingung gefordert zu haben. Als sich am 13. Mai das Gerücht verbreitete, der Prinz von Preussen, welcher nach England gegangen war, werde zurückkehren, war Berlin in Aufruhr und es fehlte nicht viel, dass der Pöbel sein Palais zerstört hätte. Eine sogenannte Volksdeputation, an deren Spitze Held, Jung, Arnold Ruge, Prutz, Behrend, Eichler mit einem Zusatz von Semiten standen, forderte von der Regierung, dass der Prinz nicht eher zurückkehre, bis er sich zur Volksfreiheit bekannt und bekehrt habe, und Camphausen erklärte vor der, wenige Tage später einberufenen, constituirenden Versammlung, er selbst sei es gewesen, der die Rückkehr des Thronfolgers beantragt habe, versteht sich unter der Bedingung, dass derselbe constitutionelle Bürgschaften gebe, und bat die Kammer in Bezug auf diese Frage „um Milde und Nachsicht". Das charakterisirt die damalige Stimmung, sowie die Haltung der Regierung, in welcher sich damals auch noch ein grosser Industrieller aus Breslau, Herr Milde, befand, auf das Treffendste.

Dieser Herr Milde, der bald wieder vom Schauplatz verschwand, wurde damals der Nationalhahn genannt, weil er sich eines Organes erfreute, welches lebhaft an jenen Musikanten der Morgenröthe erinnerte. Als passagerer Minister fungirte damals auch der Dr. Rodbertus, der als einer der äussersten Radikalen galt und zwar einfach aus dem Grunde, weil seine Haltung dem grossen Publikum durchaus unverständlich blieb. Derselbe hatte schon bei Gelegenheit der Julirevolution die weitere sociale und politische Entwickelung mit fast prophetischem Blicke vorausverkündigt, und sein geistiges Auge war scharf genug, auch in der Bewegung von 48 den eigentlichen Kern zu erkennen und demgemäss die sociale Frage und deren Lösung als die Hauptaufgabe einer einsichtigen conservativen Politik zu betrachten. Als er damit keinen Anklang fand, zog er es vor, in das Privatleben zurückzukehren und sich auf die literarische Thätigkeit zu beschränken.

Leider scheint es der gegenwärtigen Generation ganz aus dem Gedächtniss entschwunden zu sein, dass die Bewegung von 1848 wenigstens in ihrem Beginne eine sociale und zwar vorwiegend eine agrar-sociale war, wie dies die Bauernaufstände zur Befreiung von Feudallasten und die Agitation der Tagelöhner zur Erlangung von Grundbesitz, der sogenannten Gänseweide, zweifellos illustrirten, so dass die fragwürdigen Gestalten, welche in der National-Versammlung erschienen, ihre Wahl wesentlich ihren darauf gerichteten Versprechungen verdankten. Man wusste nicht, sollte man weinen oder lachen, die Original-Wasserpolacken als Volksvertreter fungiren zu sehen, deren Bildungsstand man darnach bemessen kann, dass ein Theil von ihnen das Schöne mit dem Nützlichen verband und die Morgenstunden zum Holzkleinmachen benutzte und dass der am meisten Genannte von ihnen, Namens Kiol Bassa, der an das Barfussgehen gewöhnt war, während der Sitzung sich die Stiefel auszuziehen pflegte, und als er das erst Mal seine Diäten in lauter blanken Thalern empfing, dem Kassirer in freudiger Rührung den Rockzipfel küsste.

Auch in meinem späteren Wahlkreise Neustettin hatte der damalige Vertreter der ländlichen Bevölkerung, und zwar gleichmässig den Bauern wie den Tagelöhnern, sehr weitgehende

Versprechungen in Bezug auf Landschenkungen gemacht, wusste sich jedoch demnächst sehr geschickt aus der Affaire zu ziehen. Derselbe berief nämlich eine grosse Volksversammlung zur Rechenschaftsablegung und erklärte dort ganz unverfroren, dass er Alles durchgesetzt, was er versprochen und dass der König Alles genehmigt habe. Es käme nun jetzt darauf an festzustellen, wer das Land hergeben solle und es sei dies nicht ganz leicht, da die Rittergüter allein nicht ausreichten, um die Bauern und die Tagelöhner gleichmässig zu befriedigen. Es würde deshalb wohl nichts Anderes übrig bleiben, als dass auch die Bauern etwas an die Tagelöhner abgeben müssten. Die Folge dieses Vorschlags war natürlich eine solenne Prügelei zwischen Bauern und Tagelöhnern, während deren der schlaue Volksvertreter ungefährdet verschwand.

Mit diesen agrarischen Bewegungen gingen natürlich die Bewegungen der städtischen Arbeiter und leider auch des Pöbels der grossen Städte Hand in Hand und fast unfassbar war die Feigheit, welche die Behörden und die neugeschaffene Bürgerwehr diesen Excessen gegenüber entfalteten. Wir haben es damals mit eigenen Augen mit angesehen, wie bei den Kanalarbeiten bei der jetzigen Schönebergerbrücke die sogenannten Rehberger die Beamten fortgesetzt damit verhöhnten, dass sie ihre Mütze in die Karre legten und nur grade so viel Erde transportirten, als die Mütze fasste, ohne dass Jemand wagte, diesem Treiben entgegenzutreten. Ebenso haben wir wiederholt gesehen, dass eine kleine Bummlerschaar doppelt und dreifach so grosse Abtheilungen der Bürgerwehr verhöhnte und terrorisirte und dass diese bewaffnete Macht hinter ihren Führern langsam wegthaute, sowie diese Miene machten ernsthaft einzuschreiten. Man hat schon oft darüber philosophirt, wie es zu erklären sei, dass die Berliner Bürgerwehr sich damals so feig benommen, und doch scheint uns die Erklärung sehr nahe zu liegen. In keinem Falle kann diese Erklärung darin gefunden werden, dass es dem Berliner überhaupt an Muth gebreche, da die richtigen Berliner Kinder sich in des Königs Rock stets mit besonderer Bravour geschlagen haben, vielmehr ist der Grund derselbe, welcher es verhindert hat, die Nationalgarde in Preussen ebenso wie in Frankreich überhaupt Boden fassen zu lassen. Im

Civilrock hält es der Berliner für unpassend tapfer zu sein, vielmehr ist seine Aufgabe dort mit dem grossen Munde erschöpft und er fühlt die Verpflichtung, sich im Uebrigen als Familienvater zu conserviren. Das preussische Volk ist zu militärisch gesinnt und erzogen, um Soldat zu spielen, ist aber stets Soldat mit Leib und Seele, sobald es die Uniform angezogen hat. Wir erinnern uns in dieser Beziehung eines sehr heiteren Intermezzos, als nach dem Einzuge Wrangel's die Bürgerwachen durch Militärwachen abgelöst wurden. Vor der ziemlich stark besetzten Wache am Potsdamer Thor marschirte ein junger Lieutenant mit seiner Wache auf und forderte den Commandanten der Bürgerwache auf, ihm die Wache zu übergeben. Als ihm dieser erklärte, dass er keinen Befehl zur Uebergabe habe, erwiderte ihm der Lieutenant: das ginge ihn Nichts an, er hätte den Befehl, die Wache zu besetzen und gebe ihm zehn Minuten Zeit, nach deren fruchtlosem Ablauf er die Wache mit Gewalt nehmen würde. Der Bürgerwehr-Commandant bemerkte, dass er sich zuvor mit seiner Mannschaft berathen müsse, kehrte jedoch schon nach etwa drei Minuten mit dem Resultat zurück, dass man es nicht auf die Gewalt ankommen lassen, sondern die Wache freiwillig übergeben wolle. Dasselbe wiederholte sich auf allen anderen Wachen, wie denn auch die demnächstige Ablieferung der Waffen nicht allein ohne Widerstand, sondern grösstentheils mit einem gradezu komischen Eifer bewirkt wurde. Es war, als wenn mit der Beseitigung der Bürgerwehr, deren Thaten man am besten der Vergessenheit übergiebt, ein Alp von der Berliner Bevölkerung genommen wurde.

Wie lebhaft damals in den unteren Klassen der Bevölkerung, namentlich in den Kreisen, welche sich eine gewisse ständische Organisation gewahrt hatten, der preussische Patriotismus noch war, das erhärteten namentlich die Danziger Sackträger, deren Vorsteher man damals die zwölf Apostel nannte, welche dem grassirenden deutschen Schwindel ein unüberwindliches Veto entgegenstellten, so dass dort die demokratischen Versammlungen mit Polizei und Militär geschützt werden mussten und dass selbst das Anlegen der deutschen Kokarde erst dann gestattet wurde, als das Militär dieselbe auf Befehl Sr. Majestät des Königs neben der preussischen anlegte.

Ebenso wurde es durch diese Sympathie der unteren Bevölkerung dem Redacteur an der „Kreuzzeitung", Gödsche, möglich, am 3. August des Jahres 1848 die Statue Friedrich Wilhelm III., sowie die Bildsäulen des Helden Friedrich's des Grossen auf dem Wilhelmsplatz und die der Helden aus dem Befreiungskriege reich zu schmücken, ohne dass damals Jemand erfuhr, wessen Hände dabei thätig gewesen waren.

Selbstverständlich war für die Revolution in Berlin dieselbe Parole ausgegeben, wie für die in Wien, nur dass man in Berlin nicht über dieselben grossartigen Geldmittel verfügte, welche Kossuth nach Wien zu dirigiren pflegte, und dass die Berliner Bevölkerung nicht allein gebildeter, sondern auch mehr an eine freie Bewegung gewöhnt war, als der Durchschnitts-Oesterreicher. In Oesterreich hatte man in der That in breiten Schichten das Gefühl, mit der Abstreifung des Metternich'schen Regiments eine Art von Sklavenkette zerbrochen zu haben, und der erste Freiheitstaumel äusserte sich deshalb dort in Excessen, welche in der scheusslichen Ermordung des Grafen Latour in Wien und des Grafen Lamberg in Pest ihren Höhepunkt erreichten. Thaten, die nur in Süddeutschland in der Ermordung des Fürsten Lichnowski und des Generals von Auerswald durch den aufgehetzten dortigen Pöbel ein Analogon fanden und einen düsteren Schatten auf die angebliche süddeutsche Gemüthlichkeit und höhere Bildung warfen. Sonst galt auch in Berlin die Parole, durch wiederholte Excesse die Aufregung im Flusse zu erhalten und zu steigern, die Behörden durch Massendeputationen und Petitionen einzuschüchtern, die National-Versammlung zu terrorisiren und einzelne missliebige Volksvertreter gelegentlich zu misshandeln, wie dies „unserem Sydow" passirte, welcher schneller, als er erwartet haben mochte, die richtige Quittung über seine Verherrlichung der Märzhelden empfing.

Alle Versuche, in die Armee Eingang zu finden und diese zu corrumpiren, welche in Oesterreich in grösserem Massstabe dadurch gelangen, dass man in Ungarn einen feindlichen Gegensatz zwischen dem abgedankten Kaiser Ferdinand und seinem Nachfolger Franz Joseph zu etabliren und den ungarischen Nationaltruppen die Meinung beizubringen wusste, für den legitimen Kaiser gegen einen Usurpator zu kämpfen, scheiterten in

Berlin nicht allein an der bewährten Treue und Disciplin, sondern auch an dem verletzten Ehrgefühl der Truppen, welche man mitten im Siege mit Schimpf und Hohn aus Berlin geleitete, so dass man bald von den Schmeichelworten zu den bekannten Schmähungen von „verthierter Soldateska" und „entmenschten Söldnern" zurückkehrte. Selbst bei der Landwehr, auf welche sich dann die Zärtlichkeit der Demokratie concentrirte, gelang eine Störung der Disciplin nur hie und da in Folge der Ungeschicklichkeit oder Unentschlossenheit einzelner Führer, und war es in Berlin namentlich der damalige Hofschauspieler Schneider, der die betreffenden Pläne der Demokratie wirksam durchkreuzte.

Das Einzige, was ihr hier nach dem Vorbilde Wiens gelang, war die Eroberung und Plünderung des Zeughauses durch Intrigue und Verrath, und nahm man damals wohl nicht mit Unrecht an, dass die Franzosen mit Geldbeutel und Hand dabei im Spiele gewesen seien, um sich in den Besitz der neuesten militärischen Erfindungen Preussens zu setzen. Jedenfalls war das Haus des französischen Gesandten eine Art von Etappe für die internationale Revolution und zugleich ein Schlupfwinkel für Diejenigen, welche sich dem Auge und der Hand der hiesigen Polizei zu entziehen wünschten. Im Uebrigen war der preussische Patriotismus und das entsprechende Staatsgefühl in der Masse der Bevölkerung noch immer stark genug, um sich schon gegen den Gedanken einer Unterordnung unter eine nichtpreussische Centralgewalt und noch mehr unter einen österreichischen Erzherzog energisch zu empören.

Die Demokratie war in dieser Beziehung scharfsichtiger als die constitutionellen Doctrinäre und wollte deshalb bei der Errichtung des deutschen Parlaments in Frankfurt das gleichzeitige Tagen der Partikular-Vertretungen verboten wissen, scheiterte jedoch mit diesem Antrage an der constitutionellen Majorität, welche, in ihrer idealen Gefühlsschwärmerei alle realen Verhältnisse ignorirend, irrthümlicher Weise eine wesentliche Unterstützung ihrer Bestrebungen aus den Parlamenten der einzelnen deutschen Staaten erhoffte und äusserst erstaunt und, wie es damals üblich, sittlich entrüstet war, dass die Edelsten der Nation so wenig Anklang und Verständniss fanden. Man hatte eben, wie dies der König Friedrich Wilhelm IV. demnächst in Köln aussprach, ganz vergessen, dass es in Deutschland noch Fürsten gab, welche über die reellen Machtmittel verfügten. Wie tief und fest der Stolz auf das preussische Militär selbst in den Herzen der sogenannten Rehberger sass, konnte man hören, als gelegentlich des Krieges mit Dänemark die Contingente anderer deutschen Staaten durch Berlin passirten und die Berliner ihre Vergleiche mit der preussischen Garde anstellten. „Schmerzliche Kerls", sagte ein Schachtmeister, „die uns noch nicht bis an den Bauch reichen; die werden dem „tapperen Landsoldaten" auch nicht viel Schaden thun. Wir werden doch wohl wieder das Beste machen müssen."

Nachdem der erste Märzrausch verflogen war, wollte es übrigens trotz der lebhaftesten Anstrengungen der Herren von der „Zeitungshalle", in welcher sich das Hauptquartier der revolutionären Demokratie befand: eines Julius, Behrend, Eichler u. A., nicht mehr gelingen, grössere revolutionäre Versammlungen zu Stande zu bringen und das Feuer neu anzublasen. Der ansässige Berliner hatte bereits das unheimliche Gefühl, dass nicht blos die politischen Zustände, sondern auch die Geldbeutel und Rechtstitel der Hausbesitzer erschüttert seien, und die grosse träge, halb conservative, halb liberale Masse, welche Arnold Ruge, mehr zutreffend als verbindlich, als die „gesattelten, nur ihres Reiters wartenden Esel" bezeichnete, fing schon an, die Spitze der Nachtmütze mehr nach rechts zu drehen. Zugleich entwickelte sich im Schosse der Demokratie selbst, je länger desto mehr, der einstweilen noch vertuschte Gegensatz zwischen bürgerlicher und socialistischer Demokratie, wie dieser demnächst in dem Gegensatze der beiden feindlichen Brüder, Fortschritt und Socialdemokratie, seine weitere Ausgestaltung gefunden hat.

Ebenso war es sehr charakteristisch, dass die Bewegung, welche auf dem kirchlichen Gebiete begann und in den Agitationen der Lichtfreunde und Deutschkatholiken, der Uhlich und Wislicenus, Ronge und Czerski, ihre erste Verkörperung gefunden hatte, auf dem kirchlichen Gebiete trotz aller Anstrengungen plötzlich versiegte und erst sehr viel später wieder in Aufnahme gekommen ist. Man war damals Seitens der beiden „Schwesterkirchen" einsichtig genug, sich nicht unter einander zu beissen und zu fressen, und wir gedenken noch mit besonderer Befriedigung an das freundschaftliche, ja theilweise intime Verhältniss, welches uns zu jener Zeit mit unseren katholischen Mitbürgern verband und die Möglichkeit gewährte, die kirchenpolitischen Fragen im beiderseitigen Einverständniss zum Austrag zu bringen. Das schliessliche Resultat dieser gemeinsamen Bestrebungen waren eben die bekannten Artikel der preussischen Verfassungsurkunde, welche unter dem Ministerium Falk beseitigt wurden und um deren Wiederherstellung man sich heute katholischerseits bemüht. Wir möchten nicht annehmen, dass die Gefahr für Christenthum und Kirche heute kleiner ist als damals, und dass man weise daran handelt, die vielleicht nur noch kurz bemessene Zeit der Ruhe durch einen kleinen Bruderzwist auszufüllen.

Mit der Steigerung der Ausschreitungen in der preussischen National-Versammlung steigerte sich auch die Bedeutung und der Einfluss der „Kreuzzeitung" und der hinter derselben stehenden Partei, und man war schon nach kurzer Zeit berechtigt, von „der kleinen, aber mächtigen Partei" zu sprechen, zumal unser dreistes Auftreten allmälig auch den Gegnern imponirte und in ihnen die Ueberzeugung erweckte, es in uns mit dem alten Preussen zu thun zu haben. Insbesondere waren es die alten Kämpfer der Befreiungskriege, welche als die entschiedensten Gegner der, angeblich auf ihre Leistungen gegründeten, sogenannten Volksforderungen und Rechte hervortraten und damit die Behauptung Lügen straften, als ob diese Forderungen die eigentlich treibende Kraft der Befreiungskriege gewesen seien.

Mit Recht durfte die Redaction der „Kreuzzeitung" in jenen Tagen als das Hauptquartier der royalistischen Partei und als der Mittelpunkt aller gegen das revolutionäre Gebahren gerichteten Bestrebungen bezeichnet werden, und es hatte sich eine Art von politischem Generalstab gebildet, in dessen Händen die Fäden zusammenliefen. Namhaftere Mitglieder waren der spätere Gesandte in Paris, Graf von der Goltz, Baron Arnim-Crieven, Herr von Bethmann-Hollweg, Herr von Bismarck-Schönhausen, Herr von Kleist-Retzow, Herr von Arnstedt-Gross-Kreuz, durch dessen Einfluss Herr von Bismarck zuerst in Brandenburg, allerdings unter Schimpfen und Steinwerfen, in den Landtag gewählt wurde, und als besonders eifriger Agitator der Oberstlieutenant von Wolden, welcher bemüht war, in der Provinz Pommern zur Nachahmung für Andere eine Art von Vendeer Landsturm mobil zu machen. Die Fühlung nach Oben wurde durch den Generaladjutanten von Gerlach vermittelt, dessen vertrauensvolle Freundschaft — so darf ich es nennen — für mich eine der werthvollsten Erinnerungen aus jenen bewegten Tagen ist. Um unsere betreffende Correspondenz, soweit es ohne Indiscretion gestattet ist, einigermassen zu charakterisiren, lasse ich hier eine Auswahl von Briefen folgen, deren Inhalt auch an sich nicht ohne Interesse sein dürfte:

„Lieber Freund! Könnten Sie nicht mit einer Philippica gegen die leichtsinnige Art, wie man in Deutschland die Möglichkeit eines Krieges behandelt, losgehen? Dies geschieht von allen Seiten, ohne dass man bedenkt, dass ein Krieg nothwendig der Bund des einen Theiles mit der Revolution werden muss, eigentlich beider Theile, was sich schon in der Haltung der Zeitungen vorspiegelt. Dann ist noch aufmerksam zu machen, dass die Schwarzenberg'sche Politik, schon durch einseitiges Bündniss mit Oesterreich, nothwendig zum Rheinbund führt, an den die Fürsten schon alle denken, und dass es Oesterreich doch nicht gleichgiltig sein kann, die Franzosen mitten in Deutschland zu haben, wenn sie eben über die Alpen gehen und sich mit dem revolutionären Emanuel verbinden, um die Lombardei anzugreifen und Italien von Neuem zu revolutioniren. Leo ist fest überzeugt, dass Italien noch einmal ganz der Revolution erliegen muss. Ihre Apologien der Preussischen Politik contra Union und Rad sind sehr gut. Die Rundschau erkennt aber Oesterreich viel zu sehr an. Verzeihen Sie meine unverlangten Rathschläge. Die Zeiten sind sehr böse, obschon die jetzige Krisis noch nicht hoffnungslos zu nennen ist. Ihr treuergebener Freund Leopold von Gerlach. Sanssouci, 26. October 1850."

„Verzeihen Sie, wenn ich mich wieder einmal in Ihre Redactions-Angelegenheiten mische. Radowitz hat heute seine Entlassung erhalten, Manteuffel übernahm interimistisch das auswärtige Ministerium. Die Dinge haben sich schneller entwickelt, als ich es erwartete. Diesen Ausgang aber mussten sie nehmen. Hoffentlich kommen die Parteien nun allmälig in ein

richtiges Geleise. Mein Rath ist zunächst, Radowitz und in
ihm den König zu schonen. Ja, ich gebe anheim, vielleicht noch
mehr zu thun. Wie die Dinge jetzt liegen, giebt es in den
politisch-diplomatischen Regierungskreisen Deutschlands jetzt
drei Parteien, nicht zwei, wie man irrig und der guten Sache
nachtheilig annimmt: 1. die Preussische, bisher unionistische,
die etwas von diesem unirenden Charakter nothwendig wird bei-
behalten müssen, obschon ohne Verfassung vom 28. Mai, welche
nur dazu gedient hat, den natürlichen preussischen Einfluss zu
zerstören; 2. die Oesterreichische, auf die Negative gestellt,
stets verhindernd, dass sich in Deutschland etwas Positives bildet,
was einen ihnen unbequemen Einfluss in Oesterreich gewinnen
könnte; 3. die Rheinbundspartei, die mächtig geworden ist
durch Spaltung von Preussen und Oesterreich. Sie arbeitet
ganz im Geiste des alten Rheinbundes. Im Innern will sie die
damalige absolutistischeste Souveränetät, im Aeussern Vergrösserung auf Kosten Preussens, wenn es geht, und der kleinen
Staaten. Sie scheut nicht nur nicht, sondern wünscht das
Bündniss mit Frankreich erneuern zu können. Der Kern dieser
Partei ist der alte Rheinbund: Baiern, Württemberg, Darmstadt,
Baden, dazu gehört Sachsen, gar nicht Hannover und Braun-
schweig. Unser Freund Hassenpflug hat sich ganz unnatürlicher-
weise dazu einfangen lassen, so dass er nichts dabei findet, wenn
Frankreich in Folge eines Bundesschlusses die Rheinprovinzen
besetzte. Solch ein Bundesschluss ist aber gar nicht unmöglich,
wenn man die Theilung Badens (zunächst wegen der Sponheim-
Ansprüche) zu Gunsten von Baiern, Württemberg, Hessen-Darm-
stadt zugiebt, Sachsen seine alten Lande wieder zutheilt u. s. w.
Oesterreich kann und wird mit dieser Partei gehen, bis dass es
sich mit Preussen geeinigt und nicht durch die Revolution in
Italien gedrängt wird. Ein König oder Kaiser in Frankreich
führt zur offenen Allianz mit den alten Rheinbundsfürsten, die
nur durch den Dualismus in Deutschland, verbunden mit der
Einigkeit Oesterreichs und Preussens, niedergehalten wurde.
Diese Rheinbundspartei ist das schlechte Element in Deutschland, das rücksichtslos durch die Presse und durch die Politik
bekämpft werden muss. Legen Sie diese Notizen an das, was
Sie von der deutschen Sache wissen und darüber gedacht haben,

so glaube ich, dass wir einig sein werden über den Feind, den man angreifen muss. Mit alter Liebe und Verehrung Ihr L. v. Gerlach. Sanssouci, 3. November 50, Abends."

„Theurer Freund! Ich muss Ihnen wieder, vielleicht unnütz, aber zur eigenen Herzenserleichterung, Notizen und Rathschläge zuschicken. 1. Wenden Sie allen Ihren Einfluss an, dass die Deputirten das Ministerium und namentlich Manteuffel halten. Leider ist es in sich nicht stark. Aber Manteuffel ist offenbar die Hauptperson, sein Fall ist der Sieg der Gothaer. 2. Der Krieg mit Oesterreich ist unser Unglück, er ist Allianz mit der Revolution, die uns im Innern vernichtet, die Armee spaltet und zu einem endlichen, vielleicht noch dem besten, Ausgang zu einer russischen Restauration führt. Wie gnädig wäre eine göttliche Fügung, welche uns nöthigte, Front gegen das demokratische Frankreich zu machen. Die Franzosen haben die Reserven von 1847 zur Armee gerufen, heben 110,000 Rekruten aus und ziehen bei Strassburg eine Armee zusammen. Wäre es nicht wichtig, von diesen Massregeln laut und viel in der „Kreuzzeitung" zu sprechen? Die Nachrichten sind zuverlässig. Mit grosser Liebe und Verehrung Ihr L. v. Gerlach. Potsdam, 19. Novbr. 50."

„Anbei, mein verehrter Freund, erhalten Sie zwei Beiträge von dem Wiener Correspondenten. Der über die Fideicommisse ist schwach, der ungarische Brief aber interessant. Der Correspondent verdient, wie ich das Ihnen schon gesagt, Rücksicht, es ist ein sehr angesehener, unterrichteter Mann und unbedingter Verehrer Ihrer Zeitung. Es wäre sehr an der Zeit, den Herrn v. Auerswald, den Alfred, ehemaligen Minister des Innern, etwas zu verarbeiten mit seinen Antecedentien vom Landtage 1847, mit denen er die Revolution gefördert, mit seiner erbärmlichen Unentschlossenheit als Minister und damit, dass er jetzt die Dreistigkeit hat, einer ruhigen Kammer gegenüber sein altes Spiel wieder zu beginnen. Dann möchte ich Ihnen eine kleine Directive in der so wichtigen deutschen Sache geben. Die Politik vom Grafen Brandenburg ist 1. die Versprechungen des Königs zu erfüllen, weil er glaubt, dass die Nichterfüllung die Macht der Revolution vermehrt; sodann 2. Aufrechterhaltung der Königlichen Autorität unter allen Umständen, als höher stehend wie Kammern, Repräsentation u. s. w., daher Zuversicht, den Uebergriffen der Kammern entgegentreten zu können, also auch dem Reichstage: 3. Hoffnung, dass bei dieser Politik die öffentliche Meinung ihm bei der Restauration zu Hilfe kommen muss. Daher würde Graf Brandenburg sich über das Nichtzustandekommen des Reichstages und über das Auseinanderfallen des Dreikönigsbundes trösten, indem dann nach seiner Ansicht der König sein Wort gelöst hätte und nun wieder frei dastände. Ich will diese Politik nicht unbedingt billigen, sie greift gewissermassen in das göttliche Regiment ein und ist in ihrer Anwendung hin und wieder roh und plump, aber Sinn hat sie. — Das Ministerium bildet sich ein, die Wahlen zum Reichstage würden conservativ ausfallen, woran ich und selbst Leute auf dem polizeilichen Standpunkt zweifeln. Zu einer Verständigung mit Oesterreich habe ich Hoffnung. Ihr treuergebener L. von Gerlach. Sonntag. — Soeben bringt Graf Benckendorff die officielle Nachricht von der Auflösung der Provisorischen Ungarischen Regierung, von der Ernennung Georgey's — zum Dictator und dessen völliger Unterwerfung und Waffenniederlegung gegenüber den Kaiserlich Königlichen Truppen."

Analoge Verhältnisse bestanden gegenüber dem früheren Hausminister Grafen Anton zu Stolberg-Wernigerode und dem früheren Kabinetsminister v. Thiele, von denen mir Letzterer unter Anderem eine politische Vision, allerdings gegen das Versprechen der strengsten Verschwiegenheit, mittheilte, welche sich merkwürdiger Weise zu einem nicht geringen Theile bereits erfüllt hat und deren wesentliche Bedeutung darin bestand, schon damals, wo bekanntlich Russland und der Kaiser Nicolaus noch als der Hort der conservativen Interessen und als die Hoffnung aller Monarchisten gefeiert zu werden pflegten, die uns drohende Hauptgefahr unter mancherlei Details als von Russland ausgehend zu signalisiren und zugleich eine Cooperation mit dem bis an die Elbe sengenden und brennenden Frankreich darzustellen.

Das Hin- und Herwogen der verschiedenen Parteigruppirungen in der preussischen National-Versammlung, sowie die Nüancen der ministeriellen Eintagsfliegen glaube ich hier nicht eingehender berühren zu sollen, da man dies in jedem Geschichtswerke findet und die persönlichen Berührungen mit den damaligen Volksvertretern nur sehr spärliche waren. Es wird genügen zu constatiren, dass der platteste und geistloseste Majoritätsschwindel immer mehr zur Reife gedieh: dass die Einbildung der Volkssouveränität die Köpfe je länger desto unheilbarer benebelte und dass in dem Wechsel der Ministerien nichts Dauer hatte, als die mit Feigheit gepaarte Rathlosigkeit. Anerkennung der Revolution: Abschaffung der bankerotten Firma von Gottes Gnaden; Beseitigung aller Standesunterschiede; Beeidigung der Armee auf die Verfassung; wie solche noch als Embryo in den Köpfen ihrer Urheber existirte; Aufforderung an die nicht constitutionell gesinnten Officiere, ihren Abschied zu nehmen: es war mir häufig so zu Muthe, als ob man sich in einem Irrenhause befände und als ob auch der letzte Rest gesunden Menschenverstandes verloren gegangen sei.

Dabei liess man natürlich die Hauptfragen, nämlich die socialen, auf sich beruhen und überliess es den Clubs und Volksversammlungen, ihre Agitationen mit diesen Dingen zu speisen. Aus naheliegenden Gründen kam man indess auch hier nicht weiter, als den Gegensatz zu vertuschen und die Arbeiter von ausgesprochenen socialistischen Putschen gegen die Arbeitgeber zurückzuhalten. Es war ein eigenthümliches Gemisch von Schmeichelei und Appell an den Patriotismus, womit man dies zu erreichen bemüht war, und die gangbare Formel dafür lautete damals: Friedliche Lösung der Arbeiterfrage mit dem Zusatze: „Der Arbeiter hat gekämpft, er ist es vorzugsweise gewesen, der hinter den Barrikaden gestanden, er muss vertreten werden. Seine Interessen, der ganze Zustand, die Lage des Arbeiters sind der Mehrzahl seiner Mitbürger nicht hinlänglich bekannt, sie muss bekannt und erkannt werden." Es wird nicht ohne Interesse sein, an einige charakteristische Aeusserungen aus jener Zeit zu erinnern. Dr. Moritz Lövinson, Bürger und Arzt, ruft den „Mitbürgern, Arbeitern" zu: „In den ewig grünen Kranz unserer Revolution, unseres Sieges, habt Ihr Euch ein unverwelkliches Reis durch Eure Hochherzigkeit mit eingeflochten, und die Blätter der Geschichte werden, wie das Andenken Eurer Kraft im Kampfe, so das Eurer Mässigung im Siege aufbewahren. Lasset sie auch von Eurer Klugheit nach demselben erzählen...

Jetzt zeigt, dass Ihr nicht blos das Eigenthum vor Zerstörung zu schützen wisst, sondern beweist Eure Achtung vor demselben noch mehr dadurch, dass Ihr es miterwerben helft, dass Ihr es selbst erwerbet. Kehre Jeder an seine Arbeit zurück! Begehret und nehmet keine Gunst- oder Gnadengeschenke; die ganze Sicherung Eurer Errungenschaft, der volle Stolz des freien, unabhängigen Mannes liegt darin, dass Ihr wieder sagt: Wir leben von unserer Arbeit!" — Ernst Kossak, der „auch weiss, was vierzehn Stunden Arbeit sind, welcher Kummer das Herz drückt, wenn der Tag verzehret, was der Tag erworben hat", beschwört die Arbeiter: „Jetzt keine Steigerung des Lohnes, keine Unthätigkeit!" Eine „friedliche Lösung" soll die „grosse Frage" finden. „Die Todtenliste unserer Gefallenen", ruft er seinen Brüdern, den Arbeitern zu, „ist Euer geschichtliches Zeugniss, dass Ihr für die Freiheit Eurer Nation zu kämpfen und zu sterben wusstet; Arbeiter, stellt in diesen Tagen, den Geburtswehen einer grossen Zukunft, durch Ordnung und Fleiss Euch das geschichtliche Zeugniss aus, dass Ihr für die Freiheit Eurer Nation zu arbeiten und zu leben wisst... Ihr habt uns in der Nacht vom 18. zum 19. März die heiligsten Rechte des Menschen erobert... Freuen wir uns dieser schnellen und erhabenen Eroberung; aber überlassen wir uns jetzt reiflichem Nachdenken, auf welche Weise unsere Gegenwart und die Zukunft unserer Kinder gesichert werden soll.... Lasst uns im brüderlichen Verein mit den Besitzenden berathen, was Euch Allen gut thun wird und ehrt die Rechte des Eigenthums, wie Ihr sie in der denkwürdigsten Nacht der Erlösung geehrt habt."

Diese politische Schwindelperiode erhält mit der im November erfolgenden Berufung des Ministeriums Brandenburg-Manteuffel ihren Abschluss und es war überaus komisch, die verschiedenen Gesichter der resp. Interessenten zu beobachten. Hier die verdutzten Gesichter der Demokraten, welche sich schon am Ziel ihrer Wünsche und auf den Ministerstühlen erblickten, und dort die langen Gesichter der politischen Klageweiber, deren Hauptthätigkeit darin bestand, jeder Massregel ihre bedenklichen Seiten abzugewinnen. Am Drastischsten trat dies zu Tage gelegentlich einer Deputation des Berliner Magistrats, welche den

Auftrag hatte, das neue Ministerium zum Wohle des Vaterlandes um seinen Rücktritt zu bitten, bei welcher Gelegenheit der officielle Redner durch seine Collegen in der Weise accompagnirt wurde, dass diese im Flüsterton sagten: „Um Gotteswillen, bleiben Sie."

Mit der Verlegung der National-Versammlung nach Brandenburg wurde der letzte misslingende Versuch gemacht, eine Anknüpfung zur Verständigung zu gewinnen, und folgte diesem Misslingen alsbald die Auflösung, sowie der Versuch des „Clubs Unruh", sich als eine Art von Convent im Schützenhause zu etabliren und von dort aus durch die Steuerverweigerungs-Beschlüsse und dergleichen die Regierung lahm zu legen und das Land zu insurgiren. Glücklicher Weise hatten die Herren die Rechnung ohne den Wirth gemacht, so dass die Sache, einige kleine Putsche in grösseren Städten abgerechnet, mit einer grossen Blamage endigte.

Da ich die Sitzungen in Brandenburg persönlich mitgemacht, so darf ich aus eigener Wissenschaft bezeugen, dass die Paar Demokraten, welche sich dort sehen liessen, sich in der That wie Gamins benahmen. Um so feierlicher war das Auftreten der von Frankfurt entsendeten Deputation, bestehend aus den Herren Heinrich v. Gagern, Hergenhahn und v. Vincke, welche eigens nach Berlin gesandt waren, um im Namen des deutschen Vaterlandes gegen die Einsetzung des neuen Ministeriums Protest zu erheben und die auch auf der Tribüne in Brandenburg in einer Haltung erschienen, als wenn sie die Vormünder des Königs von Preussen wären. Zugleich trat in Brandenburg die Aufforderung an mich heran, fortan die „Kreuzzeitung" in der Richtung zu dirigiren, dass der Constitutionalismus wieder beseitigt und die Rückkehr zu dem alten patriarchalischen preussischen Patriotismus angebahnt und ermöglicht würde. An der Spitze dieser absolutistischen Partei stand ein früherer sehr namhafter, preussischer Minister, doch glaubte ich seine Aufforderung um so mehr auf der Stelle zurückweisen zu müssen, als ich auch meinerseits den entscheidenden Werth darauf legte, das Vertrauen in das Wort des Königs nicht zu erschüttern, auch mich überzeugt zu haben glaubte, dass die wurmstichige preussische Bureaukratie kein zuverlässiges Piedestal für die preussische Königskrone mehr bilde und dass die innere Heilkraft des königlichen Preussens das Beste zur Genesung thun werde. Dem entsprach auch die Haltung des neuen Ministeriums und hat man dort mit der grössten Gewissenhaftigkeit stets darauf gehalten, das königliche Wort weder zu drehen noch zu deuteln.

Mit dem Grafen Brandenburg bin ich weniger in persönliche Berührung gekommen, doch war der Verkehr immerhin lebhaft genug, um demnächst die Anregung zur Errichtung eines Denkmals für denselben von der „Kreuzzeitung" ausgehen zu lassen. Sehr intim war dagegen in der ersten Zeit der Verkehr mit dem Freiherrn von Manteuffel, und zwar hatte das neue Ministerium sein Hauptquartier in dem genügend geschützten Kriegsministerium aufgeschlagen und sich dort gewissermassen permanent erklärt. Zur Steuer der Wahrheit muss ich hier constatiren, dass Herr von Manteuffel, wenn auch kein schöpferischer Staatsmann, doch durchaus der Mann war, dessen es damals bedurfte, um das etwas aus den Fugen gegangene Preussen wieder einzurenken. Geschäftskundig, als früherer Director im Ministerium des Innern, geachtet bei der Bureaukratie, von zweifelloser Treue, mit eisernem Fleiss und hervorragender Arbeitskraft, zu jeder Tageszeit zugänglich, sich über Alles, soweit möglich durch eigene Anschauung, informirend, wusste er bald alle Fäden in seiner Hand zu vereinen und nach allen Seiten das Gefühl zu verbreiten, dass in Preussen wieder ernsthaft regiert werde.

In dem Masse, als die „Kreuzzeitung" den politischen Gegnern unbequemer wurde, steigerten sich auch die Bestrebungen, dieselbe zu verdächtigen und lahm zu legen: Zahlreiche Denunciationen und Untersuchungen, deren Zahl einmal gleichzeitig dreissig betrug, Travestien und Nachäffungen, die aus Frankfurt a. M. importirt wurden, falsche Extrablätter und dergleichen, welche die Glaubwürdigkeit discreditiren sollten, die schmutzigsten persönlichen Verdächtigungen und Verläumdungen und häufige Zusendungen, die so gemein waren, dass sich eine nähere Beschreibung derselben verbietet. Vor uns liegt eine solche Karrikatur der „Kreuzzeitung" vom Jahre 49 aus Frankfurt a. M. Die amtlichen Nachrichten lauten: „Sc. Majestät der Kaiser von Deutschland haben nach anhaltender Unruhe geruht: dem Geheimen Obertribunalsrath Waldeck zu Berlin mit der Bildung eines neuen Kabinets zu beauftragen; den Oberlandesgerichts-Präsidenten von Kirchmann zum Justizminister zu ernennen und dem durch die Märzrevolution in Ruhestand gejagten Minister von Bodelschwingh für seine unbestreitbaren Verdienste um Anerkennung der Revolution die Auszeichnung einer Bürgerkrone zu verleihen." — „Der um die innere Ruhe und Einheit Deutschlands hochverdiente Herr Dunker ist in den Adelstand erhoben worden. Er wird künftig den Namen führen „Dunker von Springinsfeld." Das ihm verliehene Wappen führt im Hauptfelde „zwei geknickte Eisbeine". — „Dem Abgeordneten zur preussischen zweiten Kammer Freiherrn von Bismarck-Schönhausen ist in Anerkennung seiner trefflichen antediluvianischen Rede, welche er in der Sitzung vom 21. April über die deutsche Frage gehalten hat, das Prädikat „Allerunterthänigster Unterthan" beigelegt worden." — „Se. Wohlgeboren der Herr Volksredner Linden-Müller sind aus der Berliner Stadtvoigtei nach dem Sitze der deutschen Reichsversammlung abgereist." — „Angekommen und ausgewiesen: Se. Excellenz der Staatsminister a. D. Herr von Rodbertus." — In dem „Zuschauer" befinden sich unter anderen nicht zu wiederholenden Notizen folgende: „Was war denn in dem kleinen Fässchen, welches Herr Harkort vor drei Tagen durch die Post aus Petersburg empfing? Für Caviar war das Fässchen viel zu schwer. Sollte vielleicht Gold darin gewesen sein?" Herr Harkort gehörte damals noch zur „Rechten". — „Herr von Griesheim soll bei dem Coiffeur Lohse Unterricht im Zopfflechten nehmen, da er der festen Zuversicht ist, dass bei der preussischen Armee die glorreichen Zöpfe nächstens wieder eingeführt werden." — Herr von Bismarck-Schönhausen lässt in seinem Wahlkreise Westhavelland-Zauche eine Adresse an den König besorgen, in welcher die Krone gebeten wird, das Ministerium Brandenburg-Manteuffel als zu revolutionär zu entlassen und sich mit Ministern zu umgeben, welche weniger dem Umsturze des Bestehenden huldigen. — „Herr von Bismarck-Schönhausen hat den Baumeister des Sitzungsgebäudes gefragt, ob es denn gar nicht möglich wäre, die Wand der rechten Seite noch einige Fuss weiter hinauszurücken; sie ist ihm nicht rechts genug. Der Baumeister hat sein Bedauern ausgedrückt, die

Wand selbst nicht verrücken zu können, indessen dem Edlen von Bismarck wenigstens versprochen, in künftiger Session eine Nische für ihn einzuschneiden, wenn er nämlich wieder gewählt werden sollte." — „Herrn Mäusebach ist nun endlich das Glück passirt, die Bibliothek seines Vaters los zu sein. Für deren Einnahme hat er sich eine sehr schöne Kellerbibliothek eingerichtet, in welcher er die schönsten Tage seines Lebens verträumt." — Am lebhaftesten für die Fortdauer des Ministeriums Brandenburg spricht sich nicht nur der Herr Assessor Wagener, sondern auch des Herrn Brandenburg's Kutscher aus und zwar wegen der Subventionen und Trinkgelder, die ihnen aus der Ministerschaft zufliessen." — „Anstellungs- und Beschäftigungsgesuche. Ein Portefeuille Demjenigen, der mir eine angenehme Anstellung verschafft. Louis Philipp zur Stadt London." — „Aus Mangel an Beschäftigung will ich mich zu Allem gebrauchen lassen. Pabst." — „Hört! Hört! Beachtenswerth!! Hört!! Hört!!! Es wird ein Kaiser gesucht in der Paulskirche zu Frankfurt a. M."

Ueberhaupt haben Alle, welche jene Zeiten nicht mit durchlebt haben, kaum eine Ahnung von dem Ton, welcher damals in der Presse herrschte, und namentlich die im November 48 unterdrückte „Neue Rheinische Zeitung", welche den Cynismus bis in's Aeusserste cultivirte und zuletzt mit rothen Lettern erschien. Der König von Preussen wurde dort nie anders genannt als „der Unterknäs" und die Bezeichnung des Kaisers von Oesterreich, sowie Sr. Majestät des jetzt regierenden Kaisers von Deutschland überstieg so sehr alles Mass, dass wir uns der Wiedergabe enthalten müssen. Dieser gesammten Presse gegenüber war die „Kreuzzeitung" das einzige Blatt, welches bestimmte Principien vertrat und ein klar erkanntes Ziel verfolgte und damit den festen Punkt gewährte, den Hebel anzusetzen. Man würde staunen und vielleicht auch lachen, wenn ich erzählen wollte, was man mir damals Alles versprochen hat; man weiss ja, wie unbequem man mit der Zeit Denjenigen wird, welche im Sturm vor dem Hafen eine Wachskerze wie einen Mastbaum versprochen haben und nach der Einfahrt in den Hafen ein Dreierlicht schon für zu viel halten.

Um die Verwirrung vollständig zu machen, trieben um jene Zeit auch die deutschen Angelegenheiten in Frankfurt a. M. einer Katastrophe entgegen, doch befinde ich mich leider nicht in der Lage, die dortigen Zustände aus eigener Anschauung eingehender schildern zu können. Allerdings erhielt die „Kreuzzeitung" von dorther nicht nur sehr detaillirte Berichte, sondern auch vorzügliche Karrikaturen von dem Griffel eines Herrn von Boddien aus Mecklenburg, welche letzteren besser als die Feder die Charakteristik der hervorragenden Mitglieder lieferten. Besonderer Fleiss war dabei auf den sogenannten „Reichskanarienvogel", den Abgeordneten Rösler von Oels, verwendet. Dieser Abgeordnete kleidete sich stets in gelbem Nanking vom Kopf bis zu den Füssen, um als Chef der demokratischen Claque in der Paulskirche von den Tribünen aus besser wahrgenommen zu werden. Selbstverständlich handelte es sich in Frankfurt nicht ausschliesslich um die sonst üblichen Parteigegensätze von monarchisch, constitutionell, demokratisch und republikanisch, sondern je länger desto mehr auch um den politischen Gegensatz von Preussen und Oesterreich oder, wie man es damals ausdrückte, um den Gegensatz von Gross- und Klein-Deutschand. Durch die Wahl des Erzherzogs Johann zum Reichsverweser hatte Oesterreich in Frankfurt festen Fuss gefasst und war durchaus nicht gesonnen, diese Position wieder aufzugeben. Die Wahl des Königs von Preussen wurde deshalb auch nur mit einer relativ unbedeutenden Majorität durchgesetzt und auch so nur mit Hilfe der Linken und mit einer Verfassungsurkunde, aus welcher alle monarchischen Garantien, selbst das Veto des Kaisers entfernt waren und auf deren Basis man linker Seits hoffte, die monarchische Gewalt in Deutschland allmälig escamotiren und, nachdem man die kleinen Fürsten durch Preussen beseitigt hatte, Deutschland in eine Republik verwandeln zu können. Nichts natürlicher deshalb auch, als dass der König von Preussen, der weder seine Mitfürsten vergewaltigen, noch das Wesen dem Scheine opfern wollte, die ihm dargebotene Kaiserkrone kurz, wenn auch mit freundlichen Worten von der Hand wies und sich darauf beschränkte, zu bleiben, was er war, nämlich der Protector des deutschen Reichs und seiner einheitlichen Entwickelung.

Nachdem so das parlamentarische Rechenexempel durchkreuzt worden war, kam es in Frankfurt zur politischen Explosion, in deren Verlauf die verschiedenen Parteien, nach Auflösung der früheren unnatürlichen Allianzen, sich in ihrer natürlichen Gestalt darstellten und die bis dahin künstlich verhüllte Parole öffentlich verlautbarten. Auf der einen Seite die Constitutionell-Kaiserlichen, eine Art von Antiquitäten-Sammlung früherer burschenschaftlicher und sonst freisinniger Notabilitäten, welche sich selbst als die Edelsten der Nation und „fest wie Deutschlands Eichen" verherrlichten, deren Residenz aber noch immer in Wolkenkukuksheim war, so dass sie sich auf der Erde im steten Stolpern befanden, vor lauter Idealen nie zum Handeln kamen und alle Hindernisse durch schöne Reden beseitigen zu können meinten. Auf der anderen Seite Demokraten, welche aus ihren republikanischen Sympathien und Tendenzen kein Hehl machten, Preussen in ihrem Herzen mit giftigem Hass verfolgten und alsbald ihr wahres Gesicht zeigten, indem sie nicht allein zur bewaffneten Empörung gegen die unbotmässigen deutschen Fürsten aufforderten, sondern sich auch als Convent in Stuttgart zu etabliren versuchten, woselbst sich der später so zahme Löwe-Calbe als Präsident aufspielte und Franz Raveaux, Cigarrenhändler aus Köln, als Kaiser Cigaro 1. gefeiert wurde.

Man hat später der „Kreuzzeitung" oft den Vorwurf gemacht, dass sie der deutschen Einheitsbewegung nicht gerecht geworden sei, doch war es, bei der damaligen Configuration der Parteien in Preussen und bei dem Verlaufe der parlamentarischen Verhandlungen in Frankfurt, für nüchterne, auf dem Boden der Wirklichkeit stehende Männer in der That unmöglich, eine, mit demokratischem Oele durchtränkte papierne, Kaiserkrone ernsthaft zu nehmen und der Illusion Vorschub zu leisten, als ob man Oesterreich aus Deutschland hinausreden und die deutschen Fürsten mit einer Stimme Majorität mediatisiren könne. Ausserdem war die nationale Bewegung und die schwarz-roth-goldene Kokarde durch die vorangegangenen Bewegungen und Excesse grade bei denjenigen Elementen des preussischen Volkes, auf welche wir uns stützen mussten, so missliebig und verdächtig geworden, dass das Anlegen der schwarz-roth-goldenen Kokarde als Parteidemonstration galt und die schwarz-weisse von dem alten Preussenthum als sein Palladium festgehalten wurde.

Die bewaffneten Empörungen, von denen in den Jahren 49 und 50 Deutschland heimgesucht wurde, und deren Verlauf sind in jedem Geschichtsbuche verzeichnet und kann ich überdies nur über den Strassenkampf in Dresden aus eigener Anschauung referiren. Ich hatte mich dorthin begeben, um die verschiedenen Elemente des Aufruhrs, sowie den Ernst, der hinter der Sache steckte, an Ort und Stelle zu studiren und ich kann nur bestätigen, dass die dort versammelten Turner und die erzgebirgischen Bergleute sich mit nicht gewöhnlicher Tapferkeit schlugen und die Stadt ziemlich kunstgerecht verbarrikadirt hatten. Der Ausgang erschien Anfangs als zweifelhaft, wandte sich jedoch, als die beiden preussischen Bataillone vom Alexander-Regiment dort auftraten und, anstatt die Barrikaden in der Front anzugreifen, die Mittelwände der Häuser durchbrachen und im Rücken der Aufständischen erschienen. Ich sehe noch heute vor mir zwei jugendliche Turner, welche, als sie an dem Gelingen des Aufstandes verzweifelten, sich gegenseitig die Büchse auf die Brust setzten und sich so den Tod gaben. Auf der Strasse begegnete ich demnächst zweien Kameraden vom Alexander-Regiment und sagte zu ihnen: „Nun, Ihr habt euch ja famos geschlagen." „Oh", antworteten sie mir, „das war hier keine Kunst, alle halbe Stunde einen warmen Kalbsbraten." Es war dies nur eine andere Fassung des bekannten Wellington'schen Ausspruchs: „Todt kann er sein, satt muss er sein."

Die ferneren Phasen des deutschen Einigungswerkes: das Gothaer Nachparlament, der Dreikönigsbund, das Interim, die Union, sowie die Erfurter Verhandlungen sind zur Genüge bekannt, und haben wir damals nur bedauert, dass der von uns sehr hochgeschätzte Minister von Bodelschwingh der Aeltere sich durch Herrn von Radowitz verleiten liess, diesem von Hause aus völlig aussichtslosen Parlamente ein gewisses Relief zu verleihen. Während einer dreitägigen persönlichen Anwesenheit in Erfurt habe ich dort nur eine der Sachlage entsprechende Rede gehört und das war die des katholischen Professors Buss. Dieser begann seine Rede mit den Worten: „Ich weiss, meine Herren, dass meine Rede gar keinen Einfluss auf Ihre

Abstimmung haben wird, und ich würde sie deshalb auch nicht halten, wenn ich nicht wüsste, dass Ihre Abstimmungen noch weniger Einfluss auf die Wirklichkeit haben werden." Ein preussischer Abgeordneter von der Rechten sagte mir damals: „Die gewissenhafte Beobachtung der Verfassung kann man hier nicht anders auslegen, als genau aufzupassen, was daraus wird."

Der Abschluss der mit so vielem Pomp in's Werk gesetzten Einigung Deutschlands war natürlich ein vollständiges Fiasco auf allen Seiten mit der sehr nahen Gefahr eines deutschen Bürgerkrieges, welcher eigentlich nur durch das Machtgebot des Kaisers Nicolaus verhindert wurde, indem dieser erklärte der Feind Desjenigen zu sein, der zuerst losschlagen würde. Man vergisst dies gewöhnlich bei den Jeremiaden über Olmütz, da es sich dort nicht allein darum handelte, zum status quo ante zurückzukehren, sondern auch die bereits gezückten Schwerter in die Scheide zu stecken. Sehr richtig bemerkt Adolf Menzel dazu: „Man thut unrecht, diesen düsteren Novembertagen zu fluchen, weil in ihnen die russische Partei über deutsche Ehre hohnlachte. Die Schicksale dieser Tage wurden von einer höheren Hand gelenkt und wahrhaft zum Heile Deutschlands. Kaiser Nicolaus befand sich eben damals in der glücklichen Lage, durch Oesterreich und die Mittelstaaten Preussen; durch Preussen und die Mittelstaaten Oesterreich und durch Oesterreich und Preussen die Mittelstaaten überstimmen lassen zu können, und die von ihm verlangte Rückkehr zum alten Bundestage, für welche er in den bestehenden europäischen Verträgen einen gewissen Rechtsgrund besass, bot ausserdem für Preussen noch den Vortheil, den von dem Fürsten Schwarzenberg geforderten Eintritt von Gesammt-Oesterreich in den deutschen Bund zu verhindern.

Durchaus unrichtig dagegen ist es, was Menzel über die damalige Haltung und die Tendenzen der Kreuzzeitungs-Partei beibringt. Es heisst dort: „Aber in Preussen selbst war nach und nach eine Partei herangewachsen, welche den bisherigen Gang der preussischen Politik, die Union und Alles, was seit dem März 1848 geschehen war, principiell verwarf und die alten Zustände zurückverlangte. Sie wollte keine deutsche, sondern ausschliesslich eine preussische Politik. Sie wollte „mit der

Revolution brechen." Sie stellte sich den liberalen Westmächten gegenüber auf die Seite Russlands und Oesterreichs, als den absolutistischen Mächten, von denen sich niemals zu trennen Friedrich Wilhelm III. in seinem Testamente dem Sohn gerathen hatte. Sie trachtete nach Wiederherstellung wie der monarchischen Alleingewalt, so auch der aristokratischen Vorrechte und nach Wiederabschaffung aller letzten Errungenschaften der Demokratie. Diese Partei hatte zu Häuptern die Herren von Gerlach, Kleist-Retzow, Bismarck-Schönhausen, den Staatsrechtslehrer Stahl, den Geschichtschreiber Leo in Halle etc. und zu Organen den sogen. Treubund, eine den alten Tugendbund nachahmende Gesellschaft, und die Neue Preussische oder „Kreuzzeitung", von Wagener talentvoll redigirt. Indem diese Herren offen gegen den engeren Bund (die Union) und Radowitz Opposition machten, hatten sie den Vortheil, auch in der Kammer die erste Rolle spielen zu können, sofern die gesammte demokratische Partei in Preussen damals nur passiven Widerstand zu leisten beschlossen und kein einziges ihrer Talente in die Kammer gewählt hatte."

An dieser Darstellung ist nahezu Alles falsch. Die „Kreuzzeitung" und deren Partei ist niemals weder österreichisch noch russisch, sondern stets preussisch und deutsch gewesen, doch hat selbige sich allerdings von dem damals herrschenden Schwindel frei und einen nüchternen Blick erhalten und stets mit benannten Zahlen gerechnet. Wir waren von Anbeginn davon überzeugt, dass bei der tiefen Zerrissenheit Deutschlands, wo eines Jeden Hand wider den Andern war, Russland den Ausschlag geben und dass die Rückkehr zum alten Bundestage einstweilen das einzig Mögliche sein würde, falls man nicht verblendet genug war, die Uneinigkeit zu einem Bürgerkriege zu steigern und den Einfluss Russlands in Deutschland in's Ungemessene zu vermehren. Dieser unserer, demnächst durch die Thatsachen bestätigten, Auffassung haben wir stets unverhohlen Ausdruck gegeben und glauben wir eben dadurch die Möglichkeit gewahrt zu haben, demnächst zu geeigneter Zeit nach allen Seiten hin gründlich Abrechnung zu halten. Von dem Treubunde haben wir uns, wie schon bemerkt, um deswillen völlig fern gehalten, weil wir denselben als einen etwas christlich tingirten Absenker des Freimaurerordens betrachteten, mit dem wir trotz der wiederholten persönlichen Besuche des damaligen Grossmeisters, Generals von Selasinski, unverworren bleiben wollten. Wir hatten eben nicht vergessen, dass in den Märztagen eine Freimaurerloge das Bild Sr. Königlichen Hoheit des Prinzen von Preussen zum Fenster hinausgeworfen hatte!

Mit der allmäligen Befestigung der inneren Zustände traten leicht begreiflicherweise und, wie wir hinzufügen, leider! die früheren preussischen Regierungsmittel, die Bureaukratie und Polizei, wieder mehr in den Vordergrund und glauben wir es als den Hauptfehler des Freiherrn von Manteuffel bezeichnen zu müssen, dass er sich alsbald durch den Polizeipräsidenten von Hinkeldey überflügeln liess. Dieser Mann, ebenso ehrgeizig und rücksichtslos, als begabt und energisch, dem es zuerst gelang, den alten Schlendrian der Berliner Stadtverwaltung zu durchbrechen und dem die hiesige Commune sehr viel verdankt, wusste sich bald zu einer massgebenden Instanz zu erheben, indem er seinen nächsten Vorgesetzten, den mehr wohlmeinenden als thatkräftigen Minister von Westphalen, bei Seite schob und brüskirte und zu seiner eigenen Verherrlichung sein eigenes Ressort, die Polizei, überall in den Vordergrund stellte. Niemals hat die „Kreuzzeitung" dieser Polizeiwirthschaft das Wort geredet, vielmehr haben wir dem Herrn von Hinkeldey nicht blos in der Presse, sondern auch persönlich den entschiedensten Widerstand geleistet, und sind diese Conflicte, in welche demnächst auch Herr von Manteuffel durch den Dr. Rino Quehl mit verwickelt wurde, der eigentliche Grund meines alsbaldigen Rücktritts von der Redaction der „Kreuzzeitung" gewesen. Wir wollten schon damals, was ich auch heute noch will: Wiederherstellung einer organischen Gliederung des Volksleibes und eine darauf basirte, mit den Lebensbedingungen der preussischen Monarchie in Harmonie zu setzende Selbstregierung. Der tragische Ausgang des Herrn von Hinckeldey selbst ist bekannt, doch hätte derselbe noch lange fortwirthschaften können, wenn er nicht vergessen hätte, dass es in Preussen eine Körperschaft giebt, an welcher sich Niemand ungestraft reibt und gegen deren einmüthigen Widerstand ihn auch die Gunst des Königs nicht zu schützen vermag — wir meinen das Officiercorps.

Wie dieser Conflict mit Herrn von Hinckeldey in den Kreisen der Regierung und der Partei aufgenommen wurde, dies wird ein kurzer Auszug aus den betreffenden Briefen des Herrn Generals von Gerlach am besten illustriren.

„Theuerster Freund!" schreibt derselbe, „gestern habe ich Ihren Brief erhalten, der sich mit dem meinigen gekreuzt hat, und heute Morgen den Ihrigen an Niebuhr gelesen. Verzeihen Sie mir, wenn ich finde, dass Sie die Beschlagnahme (die „Kreuzzeitung" wurde damals, weil sie gegen den Willen des Herrn von Hinckeldey schrieb, dreimal hinter einander mit Beschlag belegt) zu wichtig nehmen. Dass Sie darüber empört sind, ist ganz natürlich, ich bin es auch, aber darum dürfen Sie doch nicht sofort vor diesem Angriff eines Polizei-Officianten das Gewehr strecken. Ihre Zeitung hat dadurch ein offenkundiges Zeugniss ihrer Unabhängigkeit erhalten. Hier ist das Mögliche geschehen und entschieden für Sie Partei genommen worden. Ich bin auch überzeugt, dass man es so leicht nicht noch einmal versuchen wird. Das gerichtliche Verfahren muss, wie man mir gesagt hat, seinen Gang gehen. Stelle ich mich aber auf einen höheren unofficiellen Standpunkt, so finde ich Ihren Vorsatz, die Zeitung nach solchen Angriffen aufzugeben, noch viel weniger motivirt. Ehe ich das thäte, liesse ich sie in Dessau oder Leipzig drucken. Was haben Sie für ein Recht auf ein conservatives Ministerium; hatten Sie denn ein solches im Julius 1848? Sind Sie, wenn ein schlechtes Ministerium kommt, wenn das jetzige nach links hin rutscht, nicht erst recht nöthig? Ich beschwöre Sie, lieber Wagener, überlegen Sie sich das gründlich und geben Sie nicht einen Kampf auf, in dem Sie mehr Erfolg gehabt haben, als Sie, und ich nun erst recht, erwarteten. Mit alter Liebe und Verehrung Ihr von Gerlach. — Schonung für Hinckeldey empfehle ich, damit er nicht mit doppelten Ruthen gepeitscht wird. Sanssouci, 25. Juni 1850."

„Seit einiger Zeit ist ja Alles wieder gegen die „Kreuzzeitung" in Bewegung. Einmal wegen Ihrer Angriffe gegen Dr. Quehl und dann auch wegen Ihrer Absicht, wie man mir schreibt, Hinckeldey den Process zu machen. Was soll das bedeuten? Können Sie mir nicht eine kurze Nachricht geben, wie sich diese Dinge verhalten und was davon wahr ist? Ich möchte nur im Allgemeinen bemerken, dass ein Krieg gegen das Ministerium und die von ihm abhängigen Personen, ja ein Krieg gegen Personen, über die der König sich mit seinen Ministern vereinigen könnte, mir als sehr unzeitig erscheint. Das Ministerium ist jetzt in einem grossen Experiment mit der Reviviscirung der Kreis- und Provinzialstände beschäftigt, und müssen alle solche kleinen Gefechte die Kräfte spalten, ohne etwas Reelles zu bewirken."

Inzwischen hatte durch die Wahl des Prinzen Napoleon zum Präsidenten der Republik Frankreich deren Politik, nach Innen und nach Aussen, ein anderes Gesicht angenommen, und war man hier keinen Augenblick darüber zweifelhaft, wohin die betreffende Entwickelung gravitirte. Der General von Gerlach schrieb mir darüber:

„... Aber das Empire français wird nächstens dastehen und der einzige wichtige Zielpunkt einer richtigen Politik werden. Die Anerkennung erfolgt nach menschlichen Begriffen gewiss, und dann haben wir einen meineidigen, rücksichtslosen, ehrgeizigen Bösewicht uns gegenüber, der zunächst unumschränkt über eine völlig aufgelöste Nation regiert, die mit Recht und zu ihrer Schande in ihm ihren Wohlthäter und Erretter sieht und sehen muss. Die Allianz mit der römischen Kirche ist grausig. Sie wird zunächst darin praktisch, dass die französischen Angriffe sich statt gegen Italien und Oesterreich gegen Belgien, England und Preussen richten. Durch diesen Umstand kann Oesterreich, das ja noch immer bonapartistisch ist, in schwere Irrwege gerathen. Die deutschen Fürsten haben es dann bequem. ihm zu folgen, besonders da sie den Erben des protecteur de la conféderation du Rhin hinter sich haben. Die „Kreuzzeitung" kann aber ihren wenn auch unpersönlichen Kampf gegen Bonaparte nicht aufgeben. Fällt sie in demselben. so fällt sie mit Ehren."

Man wird hieraus ersehen, dass die „Kreuzzeitung" keineswegs zu den Bewunderern und Förderern des Kaiserthums, sondern zu den entschiedensten Gegnern des Kaisers Napoleon gehörte. Kurz vor dem Staatsstreich im November 1851 wurde ich nach Paris geschickt, um mich dort an Ort und Stelle über die Zustände und die Chancen Napoleon's zu informiren und konnte deutlich wahrnehmen, dass ich mit dem Ueberschreiten der Grenze auf Schritt und Tritt begleitet und überwacht wurde. Ueber den Grund wurde ich erst später aufgeklärt, als ich im Jahre 1871 von Versailles über Metz zurückkehrte, wo mir der dortige deutsche Polizeidirector einen Verhaftsbefehl vom Jahre 1851 vorlegte, in welchem angeordnet war, mich sofort nach dem Ueberschreiten der Grenze zu arretiren und per Schub zurückzubringen. Vorsichtiger Weise hatte mich indess Herr von Manteuffel mit einem Passe als Cabinets-Courier und als porteur de dépêches versehen, wodurch ich unter den Schutz des Völkerrechts gestellt war, und denke ich noch heute mit Vergnügen an die mir damals befremdlichen, langen Gesichter der Herren Franzosen, als ich meinen Pass vorlegte, welcher ihnen sogar untersagte, mein Gepäck zu revidiren. Durch die Empfehlung des Herrn von Manteuffel und durch die Güte des damaligen Gesandten, des Herrn Grafen von Hatzfeld, wurde es mir ermöglicht, die letzten stürmischen Sitzungen der National-Versammlung mitzumachen und alle die damaligen Notabilitäten: St. Arnaud und Cavaignac, Bedeau und Lamoricière, Thiers, Lamennais und Changarnier, Ledru Rollin und Raspail, den Obersten Charras, Victor Hugo und Eugène Sue wenigstens von Angesicht zu Angesicht kennen zu lernen. Ausserdem wurde ich bei dem, damals im Vertrauen des Präsidenten stehenden, Eigenthümer des „Constitutionel". Louis Véron, eingeführt, und wenn es mir auch nur gelang, einzelne Tropfen aus dem Fasse zu zapfen, so konnte man doch mit einiger Sicherheit aus der Probe auf das Ganze schliessen. Als ich zurückkehrte, wusste ich, was passiren würde und dass mit Louis Napoleon ein blutiges Meteor am politischen Himmel aufsteige.

In Deutschland begann mit der Rückkehr zu dem alten Bundestage die officielle politische Thätigkeit des Herrn von Bismarck, welcher dem damaligen preussischen Bundestags-Gesandten, dem General von Rochow, als Adlatus beigegeben, sehr bald aber dessen Nachfolger wurde. Hatte Herr von Bismarck schon während des vereinigten Landtages die Aufmerksamkeit auf sich gelenkt, so geschah dies noch mehr durch sein Auftreten als Mitglied der zweiten Kammer, wo er mit eben so viel Geist als Humor die Gegner in einer Weise angriff, dass diese ihm nicht einmal recht böse sein konnten. Wir erinnern hier an seinen

Vorschlag: an den Ministertisch sechs Tambours zu setzen und alle Interpellationen mit einem Wirbel zu beantworten, sowie an den Ausspruch, der damals als geflügeltes Wort cursirte, dass eine Kammer leichter mobil zu machen sei als eine Armee. Ausserdem kommt ein nicht unerheblicher Theil der damaligen Scherze des Berliner „Zuschauers", und zwar nicht die schlechtesten, auf sein Conto, da selbiger damals über Alles, was die Kammern, betraf, der beste Mitarbeiter der „Kreuzzeitung" war. Mit seiner Uebersiedelung nach Frankfurt trat die Correspondenz an die Stelle des persönlichen Verkehrs und trage ich kein Bedenken, einen Theil der betreffenden Briefe, soweit dies ohne Indiscretion heute möglich ist, hier folgen zu lassen:

Schönhausen, 30. Juni 1850.

„.... Ich führe hier ein bodenlos faules Leben, rauchen, lesen, spazierengehen und Familienvater spielen; von Politik höre ich nur aus der „Kreuzzeitung", so dass ich durchaus keine Gefahr heterodoxer Ansteckung laufe; mir bekommt diese idyllische Einsamkeit sehr wohl; ich liege im Grase, lese Gedichte, höre Musik und warte, dass die Kirschen reif werden; es soll mich nicht wundern, wenn dieses Schäferleben meinen nächsten politischen Leistungen in Erfurt (??) oder Berlin eine Färbung verleiht, die an Beckerath und an laue blüthenschwangere Sommerlüfte erinnert. Das Pressgesetz habe ich nicht gelesen, dazu wird bei der Discussion noch Zeit sein; ich weiss daher nicht, ob ich Ihren Tadel ganz theile .... der Fehler liegt meines Erachtens weniger in dem zu starken Einfluss der Beamten, als in ihrer Beschaffenheit; ein Staat, der sich von einer Bureaukratie wie die unsere nicht durch einen heilsamen Gewittersturm losreissen kann, ist und bleibt dem Untergange geweiht, denn ihm fehlen die geeigneten Werkzeuge zu allen Functionen, die einem Staate obliegen, nicht blos zur Ueberwachung der Presse. Ich kann nicht leugnen, dass mir einige Chalif-Omar'sche Gelüste beiwohnen, nicht nur zur Zerstörung der Bücher ausser dem christlichen „Koran", sondern auch zur Vernichtung der Mittel, neue zu erzeugen; die Buchdruckerkunst ist des Antichristen auserlesenes Rüstzeug, mehr als das Schiesspulver, welches, nachdem es ursprünglich der Haupthebel, wenigstens der sichtbarste, zum Umsturz natürlicher politischer Ordnung und zum

Etablissement des souveränen rocher de bronce war, jetzt mehr den Charakter einer heilsamen Arznei gegen die von ihm selbst hervorgerufenen Uebel annimmt, wenn es auch einigermassen in die Apotheke jenes Arztes gehört, der den Gesichtskrebs durch Amputation des Kopfes heilte. Dies selbige Mittel auf die Presse anzuwenden, ist mehr ein Phantasiestück in Callot's Manier .... Die Bureaukratie aber ist krebsfrässig an Haupt und Gliedern, nur ihr Magen ist gesund und die Gesetz-Excremente, die sie von sich giebt, sind der natürlichste Dreck von der Welt. Mit dieser Bureaukratie, inclusive Richterstand, können wir eine Pressverfassung haben wie die Engel, sie hilft uns doch nicht durch den Sumpf. Mit schlechten Gesetzen und guten Beamten (Richtern) lässt sich immer noch regieren, bei schlechten Beamten aber helfen uns die besten Gesetze nichts.

Reinfeld, 7. November 1850.

.... Ich bin vorgestern Abend bei Lesung Ihres Montagsblattes vor Freude auf meinem Stuhl rund um den Tisch geritten und manche Flasche Sect ist diesseit des Gollenbergs auf die Gesundheit des Herrn von Radow, getrunken; zum ersten Mal fühlt man Dank gegen ihn und wünscht ihm ohne Groll glückliche Reise. Mir selbst ist das Herz recht frei geworden und ich fühle ganz mit Ihnen: lassen Sie jetzt Krieg werden, wo und mit wem man will und alle preussischen Klingen werden hoch und freudig in der Sonne blitzen; mir ist wie ein Alp vom Herzen gefallen, wenn auch Heidt und Ladenberg, die wir schon glaubten mit verdaut zu haben, mir sauer wieder aufstossen.

Schönhausen, 21. October 1851.

Schon wieder ein Brief von mir, und zwar um meinen heute früh in höchster Eile, schlaftrunken, bei wartendem Postboten geschriebenen zu widerrufen. Ich komme nicht am Freitag nach Berlin; ich bin zur Jagd und sonderbarer Weise schon Tags zuvor nach Letzlingen befohlen und da ich ohnehin noch ungewiss bin, ob ich von dem Geschworenen-Wesen in Magdeburg vorher loskomme, so habe ich zugesagt, obschon mich die Sehnsucht nach Frau und Kind fast umbringt. . . . Irgend etwas ausserhalb meiner Jagdpassion liegt wahrscheinlich vor, denn ich gehöre nicht zu den gewöhnlichen Jagd-Nachbarn und bin nicht, wie diese, für Eine Jagd, sondern für die ganze Zeit und den Tag vorher befohlen. Ich habe mich seit Erfurt so gar nicht um die Politik ernsthaft bekümmert, dass ich schlecht bestehen werde, wenn man mich etwa katechisiren sollte. Ich muss mir erst noch Ansichten anschaffen, ehe ich vor hohen Herren von Fach auftreten kann; augenblicklich bin ich harmlos unwissend und nebelhaft wie ein Crefelder Sammet-Weber und kann Jeden, der mich fragt, nur auf die Leitartikel des Organs einer kleinen, aber mächtigen Partei verweisen, die ich bis dahin nochmals gründlich durchlesen will, für den Fall, dass ich den advocatus diaboli bezüglich der Kanonisirung des St. Radovitius zu spielen berufen sein sollte. Mir fehlt nur jetzt der nöthige Zorn im Leibe, der dem natürlichen und rechtmässigen Respect die Wage halten muss, wenn man bei solchen Gelegenheiten sprechen soll, was man in seinem Grossvaterstuhl denkt. Ich werde meine Galle vorher aufzuregen suchen.... Bitte, sagen Sie dem „Zuschauer" nichts von Letzlingen, wenn er es nicht anderweit erfährt. S. M. denkt sonst, ich stehe mit diesem bösartigen Blatte in Verbindung.

Frankfurt, den 5. Juni 1851.

Haben Sie nicht Zeit, mir einmal zu schreiben, überhaupt mit mir zu correspondiren? man ist hier auf einem verlorenen Posten, wo man nichts als officielle Nachrichten erhält, und die sehr unvollständig; alle Berliner Freunde waren bei meiner Abreise freigebig mit Versprechungen, aber faul im Schreiben, und Sie sind vielleicht der Einzige, dem es wirklich an Zeit dazu fehlt. Man versauert hier und hat nichts zu thun, bis jetzt wenigstens. Ich habe vor 8 Tagen meiner Erbitterung in einigen Redensarten Luft gemacht . . ist der Brief nicht in ihre Hände gelangt? Das ist es, was mich beunruhigt; aus der Correspondenz mit meiner Frau sind mir schon 3 Briefe verloren gegangen; werden sie beim Oeffnen beschädigt, so unterschlägt man sie kaltblütig. . . . Ich langweile mich hier unglaublich; der einzige Mann, der mir gefällt, ist Schele, der hannoverische Gesandte. Die Oesterreicher sind intriguant unter der Maske burschikoser Bonhommie . . . . und suchen uns bei kleineren Formalien zu übertölpeln, worin bis jetzt unsere einzige Beschäftigung besteht. Die von den kleinen Staaten sind meist carrikirte Zopf-Diplomaten, die sofort die Bericht-Physiognomie aufstecken, wenn ich sie nur um Feuer zur Cigarre bitte und Blick und Wort mit Regensburger

Sorgfalt wählen, wenn sie den Schlüssel zum A— fordern. Die entente cordiale zwischen Oesterreich und Baiern zeigt sich hier als sehr gelockert, wenn es nicht verabredete Comödie ist, was kaum glaublich scheint. Beneidenswerth ist die Disciplin, welche in Oesterreich und seinen Vertretern Alles, was vom Kaiser bezahlt, nach gleichem Tact sich bewegen lässt. Bei uns singt Jeder seine eigene Melodie, verleumdet den Andern und schreibt Specialberichte nach Berlin; wir haben hier mindestens 3 Civil- und 2 Militärdiplomaten neben einander. Ueber meinen Chef mag ich mich schriftlich nicht äussern; wenn ich hier selbstständig werden sollte, so werde ich mein Feld von Unkraut säubern oder urplötzlich wieder nach Hause gehen.

Glauben Sie an Festigkeit unserer inneren Politik auf ihren neuen Wegen? Aus Ihren Artikeln spricht kein volles Vertrauen. ... Mir ist noch nicht zu Muthe, als ob ich hier lange bleiben würde; ich fühle mich hier ziemlich ad acta gelegt und meiner Freiheit ohne Zweck beraubt, wenn es nicht sehr bald anders wird. Der Ihrige v. B.

P. S. Morgen ist eine Bundestagssitzung. Vermuthlich kommt die Hessische Sache zum erstenmal vor mit allgemeinen Redensarten. Die Hessen erwarten, dass ihnen der Bundestag die gebratenen Tauben mit vormärzlicher Sauce in den Mund schieben wird."

Es ist bekannt, dass der General von Rochow nach kurzer Frist von Frankfurt a. M. nach St. Petersburg versetzt und Herr von Bismarck alsbald sein Nachfolger wurde, und war ich zur Zeit, als der Minister Uhden als „gemissbrauchter Staatsmann" — wie Herr von Bismarck sagte — zur Schlichtung der hessischen Wirren in Frankfurt verweilte, einige Tage dort, um die Situation aus eigener Anschauung kennen zu lernen und in der deutschen Frage die „Witterung des Hauses" zu empfangen. Die „Kreuzzeitung" trieb nicht Politik in's Blaue, sondern war nicht allein stets sehr gut informirt, sondern verfolgte auch ein bestimmtes Ziel, welchem wir uns allerdings, theils wegen unserer Parteigenossen und Hinterleute, theils wegen der thatsächlichen Verhältnisse und der Rücksicht auf die Regierung, nur auf Umwegen nähern konnten. Herr von Bismarck wäre nicht unser Parteigenosse gewesen und geblieben und würde mich schwerlich demnächst in seine Nähe gezogen haben, wenn er nicht gewusst hätte, dass ich mit seinen schon damals gehegten, wenn auch erst allmälig zur Ausführung gelangten Plänen einverstanden gewesen. Olmütz ist von uns eben so tief empfunden, wie von irgend einem Anderen, doch haben wir nicht als trunkene Demagogen, sondern als politische, für ihre Handlungen verantwortliche Männer gehandelt, welche es vorzogen, das Gericht der Revanche kalt zu essen.

Selbstverständlich war für die weitere Entwickelung in Deutschland die Befestigung und Ausgestaltung der Napoleonischen Herrschaft in Frankreich von massgebender Bedeutung, und zwar nicht allein durch die Art und Weise ihrer Entstehung mittelst Staatsstreiches und Plebiscits, sondern auch durch die „Napoleonischen Ideen", deren Realisirung der neue Cäsar als sein Programm hinstellte. Diese bisher kaum beachteten Napoleonischen Ideen traten auf einmal als eine von fünf Millionen Wählern unterstützte Macht in das Leben und warfen die landläufige liberale Doctrin und Schablone um so gründlicher über den Haufen, als die Arbeiter von dem Napoleoniden, welchen Cavaignac als Polichinell II. bezeichnet hatte, Rache an dem Sieger der Junischlacht erwarteten. Ausserhalb Frankreichs übersah man dabei, dass zu den Napoleonischen Ideen auch die Revanche für Waterloo gehörte. Jedenfalls war eine Politik, welche sich auf die Bauern, Soldaten und Priester stützen zu wollen schien, für Jedermann etwas Neues, wie man denn auch hie und da naiv genug war, die Phrase „l'empire c'est la paix" ernsthaft zu nehmen.

Leider übte die Befestigung des Napoleonischen Regiments in Frankreich und die Art und Weise, wie dort regiert wurde, auch auf die innere Politik der übrigen europäischen Staaten, insbesondere Deutschlands und Preussens, insofern einen unerwünschten Rückschlag aus, als dadurch die alten absolutistischen Tendenzen neue Nahrung erhielten und die Bureaukratie überall eine fast unüberwindliche Neigung verspürte, die cäsaristische Präfectenwirthschaft nachzuahmen und auch anderswo in die Praxis zu übersetzen. Bekanntlich fehlt es nirgends an sogenannten politischen Fröschen, d. h. an „Staatsmännern" und Strebern, welche, so lange es schlechtes Wetter ist, sich ruhig unter Wasser halten, bei politischem Sonnenschein und Rückkehr der Sicherheit aber plötzlich auftauchen und nun ihre Stimme um so lauter erheben, um vergessen zu machen, dass man früher Nichts von ihnen gesehen und gehört hat. An solchen Amphibien fehlte es denn auch bei uns nicht und es gelang denselben leider, je länger desto mehr, das Ministerium Manteuffel in Bahnen zu drängen, auf denen die Polizeiwirthschaft ihre Triumphe feierte, und die Nothwendigkeit gesunder Reformen allmälig vergessen wurde. Die Passplackerei wurde nach und nach eine geradezu unerträgliche und sinnlose, und wir erinnern uns noch eines Vorfalles, wo gelegentlich eines Extrazuges harmloser Sänger nach Eberswalde die Passrevision auf dem Stettiner Bahnhofe ergab, dass von tausend Personen nur sechs einen Pass hatten und diese waren bekannte Berliner Taschendiebe. Nichts kann unbegründeter sein, als die Vorwürfe, welche man der „Kreuzzeitung" mit tendenziöser Beharrlichkeit darüber gemacht hat, als ob sie dieser forcirten Polizeiwirthschaft das Wort geredet hätte. Ich kann meinerseits den urkundlichen Nachweis führen, dass ich stets mündlich und schriftlich auf das Nutzlose und Verkehrte einer derartigen Politik hingewiesen und dass der Grund meines Rücktritts von der Redaction der „Kreuzzeitung" wesentlich der Umstand war, dass ich in dem Conflicte mit dem Polizeipräsidenten von Hinckeldey Seitens des Gros der Partei im Stich gelassen wurde.

Die beiden nachfolgenden Briefe des Herrn Generals von Gerlach werden über die betreffende Situation noch mehr Licht verbreiten. Dieselben lauten: „Mein verehrter Freund! So unangenehm die neue Unterbrechung der „Kreuzzeitung" ist, so hat man mir von allen Seiten gesagt, dass nichts dagegen zu machen sei, indem es von der Justiz ausgegangen ist. Hinckeldey betheuert seine Unschuld und der Minister Westphalen will sich der Sache besonders annehmen. Dass die Indiscretion der Königlichen Officianten über alle Begriffe weit geht, ist nicht zu leugnen, auch nicht, dass dagegen etwas geschehen muss. Der Meinung bin ich aber auch, dass man nicht bei den Zeitungen, sondern bei den indiscreten Officianten selbst anfangen muss. Ich kann mir kein grösseres Unglück denken, als eine Controle der Officianten durch die Polizei und die durch die Staatsanwalte ist nicht viel besser, denn wenn irgend etwas sich zu einem disciplinarischen Verfahren eignet, so ist es die Indiscretion der Beamten." (Es handelte sich hierbei um den beliebten Zeugnisszwang.) „Mein lieber Freund! Der Leitartikel vom 4. d. M. in der „Kreuzzeitung": „Was wird aus Preussen u. s. w." hat einen grossen Unwillen der Minister hervorgerufen, ohne dass sie darüber mit Radowitz verhandelt. Sie haben sich an den König gewandt. der ebenfalls sehr gereizt ist, weil er erst kürzlich Sie hat ersuchen lassen, mit R. und der deutschen Politik glimpflich umzugehen. Die heutige Zeitung von C. enthält wieder einen ähnlichen Artikel. Man wird wahrscheinlich die Redaction verwarnen und mit Entziehung des Postdebits drohen. Mein Rath ist jetzt, mit dem Kriege gegen Radowitz anzuhalten und die Entwickelung seiner Politik abzuwarten. Sie haben Alles gesagt, was zu sagen ist, und wenn man jetzt die Dinge noch weiter treibt, so muss man befürchten, 1. die Zeitung zu tödten oder zu lähmen, 2. ihre Anhänger, die im Amte sind, zu einem zu frühen Rückzuge zu nöthigen, 3. die Politik der Minister, die an sich jetzt nicht zu tadeln, sondern eine nothwendige ist, noch weiter nach links zu drängen. Sie haben die früheren Dinge in ihrer ganzen Schwäche gezeigt, die doch nicht rückgängig zu machen sind. Letzteres würde besonders von dem erbitterten Oesterreich benutzt und auf das Aeusserste ausgenutzt werden. Ich bitte Sie daher dringend, jetzt keine persönliche Polemik mehr zu machen. Leider werden wir nur zu sehr in Allem Recht behalten, so dass wir nicht nöthig haben, schon jetzt über unsere Feinde zu triumphiren. Bedenken Sie auch noch, lieber Freund, dass künftigen Monat die Kammern zusammenkommen und dass sie dann Ihre Kräfte und Ihr Ansehen nach vielen Seiten hin gebrauchen werden. Da haben alle R. und Minister jetzt die besten Absichten, mit der rechten Seite zu gehen." Die Antwort, die ich darauf ertheilte, glaube ich einstweilen noch zurückhalten zu müssen, doch ging ihr wesentlicher Inhalt dahin, dass ich eine Zeitung überhaupt nur dann schreiben würde, wenn ich dies nach meinem besten Wissen und Gewissen thun dürfte; dass ich mich aber in keinem Falle dazu herbeilassen würde, nach der Pfeife der Herren Radowitz und Hinckeldey zu tanzen. Die Rathschläge des Herrn von Gerlach wären für mich stets sehr werthvoll und würden auch jetzt die gebührende Beachtung finden.

Mit meinem Eintritt in das Abgeordnetenhaus als „jüngeres Mitglied für Schievelbein" — wie Herr von Vincke mich spottweise zu nennen liebte (Herr Präsident von Gerlach war das ältere Mitglied) — wurden meine Stellung und Aufgabe eine andere. Die bewussten Anhänger der „Kreuzzeitung" haben sich nie dazu herbeigelassen, in der grossen gouvernementalen Fraction, welche sich vom Jahre 1853 ab zu bilden begann, unterzutauchen, vielmehr haben dieselben stets neben dieser Fraction eine kleinere selbstständige, etwa dreissig Mitglieder zählende Fraction gebildet, welche sich speciell die Aufgabe stellte, Preussen vor dem Rückfall in den bureaukratischen Absolutismus und ebenso vor dem Versinken in den vulgären Constitutionalismus zu bewahren und der Krone eine neue, lebendige und feste Unterlage zu schaffen. Zu dem Zwecke wurden von dieser Fraction wiederholt socialpolitische Anträge zur Herstellung corporativer ständischer Genossenschaften und ebenso zur Purificirung unserer „den breiten Stempel ihres Ursprungs tragenden Verfassung" gestellt, doch scheiterten wir damit leider an dem Widerspruche des Ministeriums und der gouvernementalen Fraction, welche in dieser Beziehung von den sich damals noch in den ausgetretenen Bahnen des Manchesterthums bewegenden katholischen Mitgliedern unterstützt wurde. Dasselbe Schicksal hatte ein von mir in Gemeinschaft mit dem Herrn Baron von Hertefeldt und dem Herrn von Peguilhen ausgearbeitetes ausführliches Programm, dessen socialpolitischer Inhalt erst neuerdings seine Auferstehung gefeiert hat. Die grosse Masse der Conservativen hatte für derartige Fragen noch absolut kein Verständniss, stand vielmehr — wie dies der Präsident von Gerlach sehr drastisch ausdrückte — „mit der Front nach dem Mist und mit dem Rücken nach dem Staat", und war vielfach schon völlig damit zufrieden, dass man wieder in Ruhe sein Glas Wein trinken und seine Partie L'Hombre spielen konnte. Ich habe damals manche Herren kennen gelernt, die es nicht der Mühe werth hielten, die Zusendungen, welche sie vom Abgeordnetenhause erhielten, auch nur zu öffnen und die deshalb keine Ahnung davon hatten, worüber eigentlich verhandelt wurde.

„Die Herren verlassen sich auf Inspirationen", pflegte der alte Feldmarschall Graf Dohna zu sagen. Der damalige Minister des Innern, von Westphalen, welcher durch seinen Spitznamen „der Kanzleirath" einigermassen gekennzeichnet wird, hatte den besten Willen, doch besass er nicht die Energie und den Einfluss, um seinen Ansichten Geltung zu verschaffen, und die gouvernementale Fraction, deren hervorragendstes Mitglied unzweifelhaft der jüngere Manteuffel, der spätere landwirthschaftliche Minister, war, stimmte nicht mit ihm, sondern mit dem Herrn von Manteuffel. Nichtsdestoweniger muss es dankbar anerkannt werden, dass er uns von der Schwerin'schen Kreis- und Gemeindeordnung befreite, wobei übrigens auch dem Herrn von Klützow, dem Herr von Vincke den Namen des „klassischen Regierungs-Commissarius" verliehen hatte, ein nicht zu unterschätzendes Verdienst gebührt.

Wie Alles im Leben, so muss man auch das Reden im Parlament erst lernen, und ich habe es niemals vergessen, dass meine erste Rede im Preussischen Abgeordnetenhause recht schwach ausfiel. In Folge dessen habe ich es mir zum Grundsatz gemacht, in jeder Session, bevor ich überhaupt das Wort ergriff, die Physiognomie und Temperatur des Hauses zu studiren, und ich möchte allen Parlamentariern dringend rathen, es ebenso zu machen. Man muss in jeder Session in einer anderen Tonart sprechen, wenn man überhaupt Eindruck machen will. Dabei habe ich es stets vermieden, zu oft und zu lange zu sprechen: man kann es den Gesichtern im Hause genau ansehen, wann es genug ist, und was man darüber hinaus liefert, ist nicht allein verlorene Mühe, sondern macht die Zuhörer verdriesslich. Ausserdem muss man sich hüten, Selbstgefälligkeit zur Schau zu tragen, indem man damit die Wirkung mindestens zur Hälfte vorweg verscherzt. Ich erinnere mich in dieser Beziehung eines Herrn aus Schlesien, der früher hier in der aufgeregten Zeit nicht gerade sehr conservative Reden gehalten hatte und der nun plötzlich als Säule der Conservativen auftauchte. Als er seine Jungfernrede halten wollte, sagte Herr von Manteuffel der Jüngere zu uns: „Nun werdet Ihr einen Redner hören." Natürlich war Alles sehr gespannt und lauschte, als selbiger sich zum Reden erhob. Zu unserer Verwunderung blieb Alles still, wir hörten nur einen gurgelnden Ton, worauf der Redner sich wieder mit blutrothem Gesichte setzte und Herr von Vincke mit seinem boshaften Sarkasmus bemerkte, „wenn der Herr Redner habe ausdrücken wollen, dass er nichts zur Sache zu sagen wisse, so habe er seine Sache vortrefflich gelöst". Ein zweites Beispiel lieferte ein Cölnischer Advokat, der im Jahre 1848 mehr als roth gewesen war und nun, um dies vergessen zu machen, mit einer maiden speech debütirte, in welcher er ganz unverfroren aussprach, dass der bisherige Conservatismus nicht der wahre sei und dass er uns nun das rechte Licht aufstecken werde. Nachdem er mit Selbstgefühl die Tribüne verlassen hatte, erschien der Präsident Wentzel, eine dem Herrn Windthorst sehr vergleichbare Persönlichkeit, mit einer kleinen rothen Mappe an derselben Stelle und fragte, ob der geehrte Herr Vorredner vielleicht ein Namensvetter von demjenigen Cölnischen Advokaten sei, welcher im Jahre 1848 die kleinen Schriftstücke, die er jetzt verlesen wolle, verfasst und resp. in die Zeitungen gebracht habe. Da bei der Verlesung des allerdings mehr als bedenklichen Inhalts der Vorredner immer mehr in sich zusammensank und das ganze Ensemble über die Identität der Person keinen Zweifel liess, so fuhr der Herr Wentzel fort, dass zwar im Himmel Freude sei über einen Sünder, der Busse thue, dass aber dieser Satz im deutschen Parlament nur mit einiger Beschränkung gelte. Anstatt nun aufzustehen und pater peccavi zu sagen, verschwand derselbe und haben wir nie wieder etwas von ihm vernommen, bis er sich später durch einige Gedichte an den König von Hannover bemerklich machte. — Für die Heiterkeit im Abgeordnetenhause sorgte damals die jetzige Excellenz von Röder, und erinnere ich mich noch einiger sehr guter Scherze, welche auf allen Seiten des Hauses gleichen Beifall fanden. Es war damals nämlich im Hause ein grosser Industrieller, welcher sich mehr zierte, als seine Leistungen gestatteten und sich namentlich den Anschein zu geben versuchte, als ob eigentlich das Englische seine Muttersprache sei. Als dieser einmal die Tribüne bestieg, stellte sich Herr von Röder neben dieselbe und flüsterte ihm zu: „Sie sprechen ja wohl nur noch gebrochen deutsch, aber es ist sehr hübsch, was Sie sagen wollen." Natürlich allgemeines schallendes Gelächter! Entrüstet wandte sich der Redner an den Präsidenten mit den Worten: „Herr Präsident, ich bitte, mir Ruhe zu verschaffen." „Ich höre nichts", erwiderte dieser, „und kann das Lachen nicht verbieten." Als der Herr nun fortfuhr, bemerkte Herr von Röder von Neuem: „Wie drückt man das auf englisch aus?" Natürlich verdoppelte sich das Gelächter und die Rede hatte bald ein Ende. — Aehnlich war der Scherz mit dem Abgeordneten Mohr aus Hohenzollern. Derselbe hatte sich eine Rede ausgearbeitet, memorirte dieselbe noch fleissig und versäumte dabei den rechten Zeitpunkt, sich zum Wort zu melden. Als er sich endlich erhob, war die betreffende Discussion bereits geschlossen und erklärte der Präsident, dass er ihm zu seinem Bedauern das Wort nicht mehr ertheilen könne. Da erhob sich Herr von Röder, ging quer durch den Saal auf Herrn Mohr zu, legte ihm die Hand auf die Schulter und sagte: „Herr Mohr, Sie haben Ihre Schuldigkeit gethan, Sie können gehen." Schallendes Gelächter auf allen Seiten des Hauses, in welches verständiger Weise auch Herr Mohr mit einstimmte.

Nur langsam und allmälig gelang es mir, die Vorbedingungen des parlamentarischen Einflusses zu erfassen und die eigenthümliche Sprache zu studiren und mir eigen zu machen, welche in unseren gesetzgebenden Körpern die Aufmerksamkeit der Gegner in Anspruch nimmt und das Votum der eigenen Partei wenigstens nach Aussen zu rechtfertigen vermag. Die Gegner durch eine parlamentarische Rede überzeugen und gewinnen zu können: dieser Illusion habe ich mich niemals hingegeben. Der Ausspruch des französischen Parlamentariers unter Louis Philipp, der von einem berühmten Redner sagte: „Es ist möglich, dass seine schöne Rede meine Ueberzeugung ändert, aber mein Votum niemals", war für mich ein unantechtbares Axiom. Das Votum ist eben das Product des Interesses und das Aeusserste, was man durch den parlamentarischen Redekampf erreichen kann, beschränkt sich darauf, das Interesse, des Flitterstaates der sogenannten Principien und wohlklingenden Phrasen entkleidet, in seiner Nacktheit erscheinen zu lassen. Dass die liberale Partei sich hierauf besser versteht, als die conservative, ist eben ein wesentliches Moment ihres parlamentarischen Uebergewichts. Ausserdem habe ich es stets vermieden, die Gegner lediglich um ihrer abweichenden Meinungen und ihrer entgegenstehenden Interessen willen als Bösewichter zu betrachten, habe vielmehr stets daran festgehalten, das Interesse nicht blos auf einer Seite zu suchen und bona fides überall bis zum Beweise des Gegentheils vorauszusetzen. Die Erfahrung hat mich gelehrt, dass es auf allen Seiten ehrliche Leute giebt und dass keiner Partei das Recht zusteht, ein Monopol der Tugend und des Patriotismus für sich in Anspruch zu nehmen. Es liegt für jede Partei zu nahe, das, was ihr selbst gut thut, auch als das beste Heilmittel für die Gesammtheit zu betrachten.

Die erste Gelegenheit, bei welcher ich eine parlamentarische Stellung gewann, war die Discussion der Stellung Preussens zum Krimkriege, indem meine betreffende Rede nicht allein von meinen Freunden als eine Leistung anerkannt wurde, sondern auch einen gewissen Einfluss auf die Regierung, sowie auf die Gegner ausübte. Es war mir dies dadurch möglich geworden, dass ich über die einschlagenden Thatsachen ziemlich gründlich informirt war und ich daher den Gegenstand vollständig beherrschte und dass ich dabei die Vorsicht beobachtet hatte, meine Rede gehörig auszuarbeiten, dieselbe aber alsdann entsprechend dem Stadium der Debatte, wo ich zum Worte kam, in modificirter Weise zu halten. Es ist nämlich eine feststehende Thatsache, welche jeder aufmerksame Beobachter bestätigt finden wird, dass eine memorirte Rede niemals rechten Eindruck macht, was unseren jüngeren Parlamentariern zur Nachahmung empfohlen sein mag.

Die Gegensätze, um welche es sich bei dem Krimkriege handelte, sind bekannt und in meinem „Leben Friedrich Wilhelm IV." näher beleuchtet, doch möchte ich hier noch ergänzend bemerken, dass die conservative Partei damals keineswegs durch eine blinde Voreingenommenheit für Russland geleitet wurde, sondern dass wir — um es kurz auszudrücken — bereits Bismarck-Politik trieben und von der Voraussetzung ausgingen, dass Russland jedenfalls nicht unser nächster und schlimmster Feind sei, und dass wir nichts Thörichteres thun könnten, als die sogenannten Westmächte, Frankreich und England, auf Kosten Russlands zu heben und zu stärken. Von einer activen Unterstützung Russlands ist auch in den Kreisen der Kreuzzeitungspartei niemals die Rede gewesen.

Nicht ohne Interesse dürfte es sein, bei dieser Gelegenheit noch einige Worte über den sogenannten „Depeschen-Diebstahl" zu sagen, doch werde ich auch hier, getreu meinem Grundsatze, die Namen der betreffenden Persönlichkeiten möglichst verschweigen. Um dies seiner Zeit höchst sensationelle Ereigniss überhaupt zu verstehen, muss man wissen, dass unsere auswärtige Politik damals in einer etwas eigenthümlichen und abnormen Weise betrieben wurde. Ein sehr unterrichteter, hochgestellter Diplomat sagte mir damals: „Unsereiner ist heute in einer sehr precären Lage. Des Morgens erhalten wir eine Depesche aus dem Auswärtigen Amt, am Nachmittage vom General-Adjutanten und des Abends noch von Sr. Majestät Selbst, und zwar Depeschen, die fast niemals untereinander übereinstimmen und häufig sich sogar widersprechen. Vorsichtige Leute warten deshalb mit ihrer Action immer bis zum Abend und man gewöhnt es sich dabei allmälig an, auch auf eigene Hand Politik zu treiben."*) Leicht begreiflicher Weise hatte man deshalb im Auswärtigen Amt ebensowohl ein lebhaftes Interesse, als den relativ berechtigten Wunsch, über den Inhalt der, neben den eigenen hergehenden, Depeschen näher unterrichtet zu werden, und hatte man leider — wie man damals annahm, durch Vermittelung der Polizei — auch Persönlichkeiten gefunden, welche sich auf eine nicht näher zu bezeichnende Weise in den Besitz einer Abschrift der fraglichen Schriftstücke zu setzen wussten. Wie das nicht weiter befremden kann, suchten die betreffenden Attentäter ihre nicht ganz ungefährliche Thätigkeit so hoch als möglich zu verwerthen und hatten sich deshalb auch mit dem damaligen französischen Botschafter in Verbindung gesetzt und diesem ebenfalls Abschrift der wichtigeren Depeschen offerirt, ein Anerbieten, auf welches dieser natürlich mit Vergnügen einging. Wie überall, so wuchs auch hier der Appetit mit dem Essen, und man beschränkte sich bald nicht mehr auf die

---

*) Wahrscheinlich ist diese Erfahrung auch der Grund, weshalb der gegenwärtige Leiter unserer auswärtigen Politik mit solcher Rigorosität darauf hält, alle Fäden in seiner Hand zu concentriren und jeden Versuch der Botschafter und Gesandten, auf eigene Hand Politik zu treiben, mit rücksichtsloser Strenge zu ahnden. D. V.

Depeschen, welche von hier abgingen, sondern man dehnte seine Industrie auf Alles aus, dessen man habhaft werden konnte. Unter diesen Schriftstücken war natürlich ein eigenhändiges Schreiben des Kaisers Nicolaus an Se. Majestät den König Friedrich Wilhelm IV., welches ein Mitglied des Geheimen Civilcabinets in schwer entschuldbarer Sorglosigkeit auf seinem Schreibtische hatte liegen lassen, von besonderem Werthe. In diesem Schreiben machte der russische Kaiser dem Könige eingehende Mittheilungen über die Lage in Sebastopol und bemass den Zeitraum, auf wie lange man sich noch werde halten können; Mittheilungen, welche den Franzosen um so willkommener waren, als ihre eigene Lage vor Sebastopol ebenfalls nicht beneidenswerth war und man schon mit dem Gedanken umging, die Belagerung aufheben zu müssen. Natürlich ward der Kaiser Napoleon sofort von dem Inhalte dieses Schreibens verständigt, und darf deshalb die Eroberung von Sebastopol mit Fug auf diesen Depeschen-Diebstahl zurückgeführt werden. Der Zorn des Königs über diesen Zwischenfall, sowie der tragische Ausgang des betreffenden Beamten sind bekannt.

Das Abgeordnetenhaus, mit welchem die Regierung in den Fünfziger Jahren vorzugsweise wirthschaftete, war die sogenannte Landrathskammer, doch wäre es ein Irrthum anzunehmen, dass dort Alles so ganz glatt von Statten gegangen wäre. Nicht allein, dass sich in dieser Kammer allmälig eine Opposition auch von rechts her entwickelte und dass die Regierung zur Ueberwindung dieser Opposition sich wiederholt veranlasst sah, nach links hin zu pactiren, so war auch die eigentliche Opposition, welche sich dort aus den verschiedenen Nüancen des Liberalismus und aus der damaligen katholischen Partei zusammensetzte, immerhin noch stark genug, um einen massgebenden Einfluss insbesondere in allen den Fragen auszuüben, wo man sich der geheimen Sympathien wenigstens eines Theiles des Ministeriums erfreute. Es ist vielleicht nicht Allen mehr in der Erinnerung, dass bei der Bildung des Ministeriums Brandenburg-Manteuffel dem Präsidenten Wenzel, welcher mit Recht als ein bedeutender Jurist und früher auch als conservativ galt, so dass er als Staatsanwalt in dem Polenprocesse fungirte, das Justizministerium angeboten war, dass er dies jedoch ausschlug, weil er dem gedachten Ministerium keine Lebensfähigkeit und keine Zukunft zutraute. Später schien ihm dies sehr leid zu thun und man nahm an, dass seine Stellung als Führer der liberalen Opposition zum Theil hierauf zurückzuführen sei. Ausserdem gehörte zu dieser liberalen Opposition der langjährige General-Steuer-Director Kühne, ein in seinem Specialfache sehr hervorragender Mann, jedoch natürlich in der Wolle gefärbter Manchester und Bureaukrat, wie er im Buche steht; ich sehe noch immer sein sarkastisches Gesicht vor mir, wenn er bei Besprechung socialer Fragen so mit der Hand winkte, als wollte er sagen: Alles Schwindel. Als Redner ist derselbe niemals hervorgetreten, ausser in den Commissionen, wogegen Herr Wenzel ein häufiger, aber auch gern gehörter Redner war. Der hervorragendste Redner der Partei aber blieb Herr von Vincke, bei dem nicht selten im Verlauf seiner Rede der alte westphälische Berserker zum Vorschein kam. Man behauptete, dass er oft bei dem Besteigen der Tribüne selbst noch nicht wüsste, was er sagen werde, und dass er bei dem Verlassen derselben nicht mehr wisse, was er gesagt habe. Es machte sich dies besonders bemerkbar, wenn er in seiner Rede durch Zwischenrufe unterbrochen wurde oder wenn ihm Jemand entgegentrat, dem er sich nicht für ebenbürtig hielt, was häufig passirte, da Herr von Mitschke-Collande, der als Redner nicht gerade bedeutend war, sich darauf capricionirt hatte, keine seiner Reden unbeantwortet zu lassen. Ausserdem machten sich in den Reihen der Liberalen noch bemerklich: Herr von Henning und Leonor Reichenheim, die sich Beide als nationalökonomische Autoritäten aufspielten, was damals allerdings noch leichter war, als heute, da auf diesem Gebiete im Allgemeinen eine kaum glaubliche Unwissenheit herrschte. Neben diesen der sogenannte schöne Behrends, ein vermeintlich reicher Kaufmann aus Danzig, der eine Zeit lang sogar Vicepräsident war und die Ambition hegen sollte, Finanzminister zu werden, welcher Ehrgeiz ihm freilich durch seinen eigenen nicht ganz unbedeutenden und unbedenklichen Bankerott zu Wasser gemacht wurde.

Als Führer der katholischen Fraction galten die beiden Gebrüder Reichensperger, von denen der Eine als Jurist und der Andere als Kunstkenner ein gewisses Renommé hatten, doch

sind meine näheren Freunde und ich schon damals nicht darüber
zweifelhaft gewesen, dass die eigentliche geistige Kraft und die
Repräsentation des katholischen Princips in dem Herrn von
Mallinckrodt zu suchen sei. Dieser persönlich überaus noble
und liebenswürdige Mann war eine tief innerliche Natur, ein
stiller Fanatiker möchte ich es nennen, und dabei frei von dem
liberalen Firlefanz, der vielen seiner katholischen Collegen damals
anhaftete, so dass man ihn bezeichnen könnte als den Vorläufer
des Centrums, wie dies durch den Culturkampf geworden ist.
Dagegen standen die beiden Gebrüder Reichensperger damals
noch mit beiden Füssen in den ausgetretenen Bahnen des vulgären politischen Liberalismus und des herrschenden Manchesterthums, und es war ein kleiner Anachronismus, wenn die katholische Presse neuerdings behauptete, dass es die katholische
Partei gewesen, welche zuerst als Pionier und Bahnbrecher für
eine gesunde Socialpolitik eingetreten und der Vorkämpfer der
heutigen socialpolitischen Bestrebungen gewesen sei. Als es sich
zum ersten Male darum handelte, unter Vortritt des Ministers
v. d. Heydt die Wuchergesetze aufzuheben oder wenigstens zeitweilig zu suspendiren, da befand sich die von den Gebrüdern
Reichensperger geführte katholische Partei unter Denen, welche
dem Zeitgeist huldigten und kein Bedenken trugen, dem Capi-
talismus die Thür weit aufzumachen. Ebenso wollte man damals
von einer Beschränkung des Grundbesitzes in Bezug auf Ver-
erbung und Uebertragung, sowie in Bezug auf das Ausschlachten
und Parzelliren durchaus noch nichts wissen. Jedenfalls darf
als unzweifelhaft hingestellt werden, dass jeder gesunde Anstoss auf dem socialpolitischen Gebiete damals von der
k l e i n e n conservativen Fraction, der sogenannten kleinen,
aber mächtigen Partei, ausging und dass die anderen
Parteien nur gerade so weit mitmachten, als man es Ehren
halber nicht verweigern konnte, und ich darf dreist behaupten,
dass auch die Aufhebung der Schuldhaft, sowie die Einführung
des Coalitionsrechts für die Arbeiter zu einem nicht geringen
Theile auf die Initiative der Conservativen zurückzuführen sind.
Ich glaube über alle diese Dinge um so besser informirt zu sein,
als ich bei der Wuchergesetzgebung Referent im Abgeordnetenhause und bei den übrigen Materien Commissionsmitglied gewesen

bin und bei dieser Gelegenheit die Gewissheit in die Hand bekam, nicht allein, dass die Minister und Geheimen Räthe noch bis über die Ohren im Manchesterthum steckten, sondern auch dass Schultze-Delitzsch und seine Freunde damals viel darum gegeben hätten, wenn sie die Gewährung des Coalitionsrechtes an die Arbeiter hätten hintertreiben können. Dass Schultze-Delitzsch der Vater der betreffenden Bestimmungen sei, ist eine einfache Schnurre und unvereinbar mit seinem bekannten Angstruf: „Entfesseln Sie die Bestie nicht!" Natürlich konnte man öffentlich nicht dagegen auftreten, ohne seinen Einfluss auf die Arbeiter gänzlich zu zerstören.

Die interessanteste Fraction aus jener Zeit war der sogenannte „Befleckte Büchtemann", ein Convict aller möglichen Geister, die man gesammelt hatte, um sie von schlechterem Umgange abzuhalten. Der nominelle Vorsitzende dieser Fraction war der alte Prinz Hohenlohe und ihre parlamentarischen Führer waren der Generalauditeur Fleck und der Vicepräsident des Kammergerichts Büchtemann, und es war überaus spasshaft, die Abstimmungen dieser Fraction zu verfolgen, da dieselben in der That unberechenbar und undefinirbar waren und höchstens dahin gedeutet werden konnten, möglichst den Mantel nach dem Winde zu tragen. Es war gar nicht selten, dass der Prinz Hohenlohe ganz allein stand, wenn alle seine Lämmer sassen, und umgekehrt, eine Situation, die der alte, joviale Herr mit vielem Humor hinnahm und sich damit zu trösten pflegte, dass er die Herren wenigstens von einer grösseren Dummheit abgehalten habe.

Anlangend den Personalbestand der sogenannten Rechten, so war es namentlich die Fraction Stahl im Herrenhause, welche den Namen einer selbstständigen politischen Partei am meisten verdiente. Es ist bekannt, dass der hochbegabte Führer dieser Fraction ein eigenes, bis in die Details durchgearbeitetes System vertrat und dass sein politischer Scharfsinn, sowie seine Beredtsamkeit sich auf gleicher Höhe befanden. Man kann deshalb auch mit Recht behaupten, dass jede seiner grösseren Reden eine Art von Monographie war und dass, wenn er gesprochen hatte, für ein jedes andere Mitglied der Fraction nicht mehr viel zu sagen übrig blieb. Freilich darf dabei nicht übersehen werden, dass er kraft seiner Geburt in doppelter Beziehung (er war nämlich ein in Bayern geborener Jude) dem alten preussischen Wesen immer mit einer gewissen Fremdheit gegenüberstand und dass auch seine Reden hier und da mehr systematisch als staatsmännisch waren. Zum Glück wurde er in dieser Beziehung ergänzt durch den Herrn v. Below-Hohendorf, der unstreitig einer der feinsten politischen Köpfe des Landtages war und, so viel ich weiss, mit Ausnahme der letzten Zeit, wo er eben auch nicht mehr im Herrenhause erschien, stete Fühlung mit dem Herrn von Bismarck hatte. In religiöser Beziehung Gichtelianer, pflegte er von Anbeginn den deutschen Einheitsgedanken, und zwar stets in einer Weise, dass die auf diesem Gebiete sehr scheuen und ängstlichen Conservativen nicht vor den Kopf gestossen, sondern allmälig mit dem betreffenden Gedanken vertraut gemacht wurden. Ebenso gehörte Herr von Below zu den Wenigen, welche ein Verständniss für die sociale Frage hatten, doch war das damalige Herrenhaus leider nicht derart, um solche Fragen dort mit Aussicht auf Erfolg vertreten zu können. Der thätigste und hingebendste von Allen war aber unzweifelhaft der leider zu früh verstorbene Graf Eberhard zu Stolberg, welcher sich nicht blos als Mitglied und demnächst Präsident des Herrenhauses, sowie als Vorsitzender conservativer Vereine, sondern auch als Reorganisator des Johanniterordens und als Leiter der Krankenpflege im Kriege einen Namen gemacht hat. Da ich mich lange Zeit hindurch seines Vertrauens und, ich darf wohl hinzusetzen, seiner Freundschaft erfreut habe, so glaube ich hier offen aussprechen zu sollen, dass er von allen Edelleuten, die ich habe kennen lernen — und es ist deren eine grosse Zahl — derjenige war, welcher am meisten diesen Namen verdiente. Er war der echte und rechte Sohn seines Vaters, des Grafen Anton Stolberg, und ich ehre sein Andenken, wie ich das seines Vaters ehre. Sonst war in der Rechten des Herrenhauses der alte preussische Adel mit seinen Tugenden und Mängeln vertreten, so dass es schwer war, gegen einen ausgesprochenen Wunsch der Krone einen wirksamen Gegengrund geltend zu machen und dass daher stets die Neigung vorwaltete, mehr gouvernemental als bewusst conservativ zu sein, ja einer nicht geringen Zahl wäre es am liebsten gewesen, einfach nach Commando abzustimmen. Es war dies dieselbe Neigung, welche in der grossen conservativen Fraction des Abgeordnetenhauses, der Fraction Arnim-Manteuffel, vorherrschte und auch hier zu dem Resultate führte, schliesslich bei einem Polizeiregiment anzulangen, welches mit dem Beginn der neuen Aera von allen Seiten desavouirt und dem Herrn von Manteuffel als Sündenbock aufgeladen wurde.

In der kleinen conservativen Fraction des Abgeordnetenhauses nahm selbstverständlich der Präsident von Gerlach die hervorragendste Stelle ein. Um seine Haltung zu charakterisiren, genügt es, auf sein vielgebrauchtes „aber dennoch" hinzuweisen, über dessen Sinn seine früher mitgetheilten Briefe den erforderlichen Aufschluss gewähren. Nach seiner Auffassung war die actuelle conservative Partei noch das Israel in der Wüste und er hielt es für unmöglich, mit derselben eine bewusste und consequente Politik im Gegensatz zu den jeweiligen Ministern des Königs zu machen. Neben ihm war der hervorragendste mein alter Universitätsfreund, der Herr von Blankenburg-Zimmerhausen, und ich glaube unser beiderseitiges Verhältniss genügend zu definiren, wenn ich sage, dass wir stets gemeinschaftlich als siamesische Zwillinge Politik getrieben haben. Insbesondere hatte derselbe eine Gabe, welche mir abging, nämlich die geschickte Behandlung der Genossen, wobei er gottesfürchtig und dreist war, wie ein echter Pommer. Die Art und Weise seines Auftretens in dem Abgeordnetenhause ist bekannt und wusste er den Gegnern die stärksten Sachen zu sagen, ohne dass man es ihm übelnahm. Von Jugend auf bekannt und befreundet mit dem Herrn von Bismarck, hat er auch stets Fühlung mit demselben gehalten, bis seine Ablehnung des ihm während der Blüthezeit des Nationalliberalismus angebotenen Ministeriums für die Landwirthschaft einen wohl kaum ganz ausgeheilten Riss in jenes Verhältniss brachte.

Um aber die Politik während der fünfziger Jahre gründlich beurtheilen zu können, bedarf es vor Allem einer richtigen Würdigung des jeweiligen Ministeriums. Als der Graf Brandenburg und die Herren von Manteuffel und von Ladenberg sich als das sogenannte November-Ministerium constituirt hatten, war es nicht ganz leicht, das Ministerium in entsprechender Weise zu complettiren. Man erzählte damals scherzweise, dass der Flügeladjutant Freiherr von Manteuffel (der jetzige Feldmarschall) mit einem Revolver die Strassen unsicher mache und Jeden mit dem Tode bedrohe, der sich weigere, ein Ministerium zu übernehmen. Das Resultat dieser Ministerjagd war u. A. auch der Eintritt der Herren v. d. Heydt und Simons, obschon der König Friedrich Wilhelm IV. mit Rücksicht auf die Antecedentien des Ersteren sich längere Zeit sträubte, denselben zu acceptiren und sich erst dazu herbeiliess, nachdem Herr von der Heydt in aller Form pater peccavi gesagt hatte. Jedenfalls war dieser Elberfelder Bankier (bekanntlich Mitglied des Hauses Kersten und Söhne) ein in seinem Fache sehr geschickter und dabei ein sehr energischer und fleissiger Mann, dem es bald gelang, sich Stellung und Einfluss zu verschaffen und in den verschiedenen Ressorts, welche ihm übertragen wurden, — er war abwechselnd Handels- und Finanzminister — nicht allein Disciplin und Ordnung wieder herzustellen, sondern auch die Arbeiten dadurch zu fördern, dass er die geeigneten Persönlichkeiten ohne Rücksicht auf Dienstrang und Alter an sich heranzog. Im Grunde seines Wesens war und blieb er natürlich liberaler Bourgeois, hatte jedoch so viel Verständniss der Weltlage, um sich mehr als irgend ein Anderer mit den materiellen Interessen des Volkes und speciell des Handwerkerstandes zu beschäftigen. Dabei fanden sich seltsame Widersprüche in seinem Charakter, so dass er, obschon er im Ganzen — nach dem Berliner Ausdruck — ziemlich „abgebrüht" war, doch in dem Rufe stand, sich jeden Morgen einen Choral zu spielen, niemals ohne Thränen im Auge von seiner verstorbenen Mutter zu sprechen und, wie er dies auch einmal öffentlich aussprach, „am liebsten bei sich zu essen". Jedenfalls hatte Herr v. d. Heydt etwas vom Staatsmann, wenngleich er in dieser Beziehung noch zu der alten Schule zählte, von welcher ein gewiegter Diplomat sagte: „Ich bin hierher geschickt, um für das öffentliche Wohl zu lügen." Es stellte sich dies besonders heraus, als mit dem Beginn der neuen Aera das Ministerium Manteuffel seinen Abschied erhielt und Herr v. d. Heydt mit in das neue Ministerium übertrat, obschon er sich vorher in feierlicher Weise verpflichtet hatte, mit den Manteuffel's zu stehen und zu fallen. Ich hatte Gelegenheit, mit dem landwirthschaftlichen Manteuffel, aus dessen Munde ich diese Thatsache habe, bei einem Spaziergange an dem Kanal die Probe auf das Exempel zu machen, indem wir dort dem Herrn v. d. Heydt begegneten und die beiden früheren Collegen den Hut tiefer in das Gesicht drückten, ohne sich gegenseitig auch nur anzusehen. Freilich dauerte dies neue Minister-Vergnügen nicht allzu lange und habe ich später noch Gelegenheit gehabt, mit dem Herrn v. d. Heydt als einfachem Abgeordneten in einer Fraction zu sitzen.

Etwas anders verhielt es sich mit der staatsmännischen Begabung des Herrn Simons, welche sich kaum über die eines liberalen Geheimraths erhob, so dass es ihm auch an jeder irgend erheblichen Initiative fehlte. Zugleich liess er es, obschon er allgemein für sehr reich galt, an jeder Repräsentation fehlen und beschränkte sich darauf, mit einigen untergeordneten Persönlichkeiten L'Hombre oder Whist zu spielen. Es machte einen fast komischen Eindruck, den etwas corpulenten Herrn in einer Droschke zweiter Klasse selbst bei feierlichen Veranlassungen erscheinen zu sehen, und er begegnete allgemeiner Schadenfreude, — welche Schopenhauer nach seiner pessimistischen Auffassung die einzige reine Freude nennt — als er von seinem Diener nicht unerheblich bestohlen wurde, zumal dieser einen Zettel zurückgelassen haben sollte des Inhalts: „er ginge nach der neuen Welt und würden sie sich daher in diesem Leben kaum wiedersehen; um so sicherer aber rechne er auf das Wiedersehen im Jenseits".

Dass es solchen Ministern gegenüber für eine selbstständige conservative Partei nicht leicht war, eine staatsmännisch productive Politik zu treiben, wird keiner näheren Darlegung bedürfen, und Nichts kann ungerechter sein, als immer wieder die Conservativen für den Stillstand der Politik und für die polizeilichen Auswüchse verantwortlich machen zu wollen.

Hierzu trat beim Ausgange der fünfziger Jahre die verhängnissvolle Erkrankung des Königs, deren tragischer Ausgang für die Eingeweihten schon gleich zu Anfang kein Geheimniss war und die eine allgemeine Stagnation zur Folge hatte. Man wollte aus naheliegenden Gründen die bisherige Politik weder fortsetzen, noch wesentlich und sichtbar changiren, und man behauptet deshalb auch nicht zu viel, wenn man sagte, dass

Preussen mit seinem Könige krankte. Die Stellvertretung, sowie die Regentschaft waren beide nur Formen eines unhaltbaren Interimisticums und konnte erst mit der Thronbesteigung des jetzt regierenden Kaisers Majestät von einer activen Politik überhaupt wieder die Rede sein.

Um diesen Uebergang und die sogenannte „neue Aera" richtig zu verstehen, muss man sich daran erinnern, dass schon früher, als es dem Ministerium Manteuffel gelungen war, Ruhe und Ordnung und eine wirkliche Regierung wieder herzustellen, der damals misslingende Versuch gemacht worden war, dies Ministerium zum Rücktritt zu bewegen und durch ein neues, angeblich volksfreundlicheres und mehr Vertrauen geniessendes aus den Reihen der sogenannten Gothaer ablösen zu lassen. Die neue Aera war nicht mehr und nicht weniger als die gelungene Wiederholung dieses Versuchs und zwar, wie nicht anders zu erwarten stand, mit dem Erfolge, auch die mühsam zurückgedrängten Elemente der Opposition und Revolution, wenn auch mehr geordnet und disciplinirt, wieder auf der Oberfläche erscheinen zu sehen.

Bekanntlich hatte nach Einführung der revidirten Verfassung die Demokratie den verhängnissvollen politischen Fehler begangen, sich in den Schmollwinkel zurückzuziehen und sich auf einen sogenannten „passiven Widerstand" zu beschränken. Die Folge hiervon war natürlich, dass in der neu gewählten Kammer keiner ihrer Vorkämpfer und Wortführer erschien und dass die Demokratie als solche unvertreten war, ein Resultat, welches auch für die Regierung wie für die Conservativen das Bedenkliche hatte, die Situation nicht vollständig wiederzugeben und der Illusion Vorschub zu leisten, als ob man die Demokratie bereits als überwunden und beseitigt betrachten dürfe. Wie gross dieser Irrthum war, hat man erst in der Conflictszeit erfahren. Man hatte sich eben in die Illusion eingelullt, es nur noch mit dem vulgären Altliberalismus zu thun zu haben und wieder ungestraft mit dem Feuer spielen zu können, und man war nicht wenig überrascht, bei der ersten Neuwahl die Vertreter des Liberalismus auf die Zahl der Musen reducirt und die Demokratie unter dem Namen „Jung Lithauen" ihr Haupt erheben zu sehen.

Die „neue Aera" und deren erste Anläufe eingehender zu kritisiren, verbietet mir die Pietät, auch hat die weitere Entwickelung diese Kritik im ausreichendsten Masse geliefert. Da ich zunächst in meinem alten Wahlkreise Neustettin nicht wieder gewählt wurde und auch der durch den Herrn von Arnstedt in Grosskreuz in Scene gesetzte Versuch, mich in Brandenburg wählen zu lassen, misslang, so benutzte ich die mir dadurch gewordene Musse zur Förderung meines Staats- und Gesellschafts-Lexicons und zur Begründung des Deutschen Volksvereins, der darauf berechnet war, die etwas aus Rand und Band gegangene conservative Partei wieder zu railliren und einen festen Punkt für den Umschwung unserer inneren Politik zu gewinnen. An der Spitze dieses Vereins standen der Graf Eberhard Stolberg und Herr von Blankenburg-Zimmerhausen und gelang es in verhältnissmässig kurzer Zeit, nicht nur hier in Berlin eine nicht unbedeutende Zahl conservativer Männer zu sammeln, sondern auch das ganze Land mit einem Netze von Vereinen zu überziehen, die, wenn auch ihre politische Action von Hause aus nicht allzu bedeutend war, doch ausreichten, einen sehr werthvollen Stamm für die fernere Agitation zu bilden, einstweilen als Resonanz für unsere Bestrebungen zu dienen und als moralische Ermuthigung für die gewünschte Umkehr zu wirken. Die Zahl der Adressen und Deputationen, welche von dort ausgingen, blieb auch an höchster Stelle nicht unbeachtet und selbst in der liberalen Presse war der sogenannte „Loyalitätsfrack" ein vielbesprochenes Object.

Vielleicht wird es für Viele nicht ohne Interesse sein, von einem Briefe Notiz zu nehmen, welchen ich damals von dem Professor Leo empfing und der die Lage der conservativen Partei in recht drastischer Weise schildert. Es heisst in diesem Briefe: „Mein hochverehrtester Freund! Die Zuschrift des Preussischen Volksvereins-Vorstandes, welche vor etwa zwei Wochen an mich und noch zwei hiesige Freunde (Geh. Justizrath Witte und Director Kramer) gelangt ist, hat in ihrem allgemeinen Inhalte zwar unseren vollen Beifall, in ihren Einzelheiten aber bei uns allen Dreien so viel Anstoss veranlasst, dass wir unter Herbeiziehung noch einer Anzahl Freunde die Sache förmlich in Berathung gezogen haben, und ich habe den Auftrag erhalten, die Resultate unserer Berathung, bevor wir uns zum Ueberschicken von Beiträgen entschliessen, dem Vorstande des Volksvereins mitzutheilen. Da ich nun eine Adresse eines der anderen Vorsteher nicht besitze, verzeihen Sie, dass ich mir erlaube, Sie mit dieser Sache zu belästigen und zu bitten, den Inhalt meines Schreibens den anderen Mitgliedern des Vorstandes im Wesentlichen gefälligst mittheilen zu wollen.

Wir freuen uns zunächst darüber, dass, wie es scheint, der Volksverein zur Constituirung seines Vorstandes die jetzt so beliebte, auch bei conservativen Kreisen fälschlich zu oft angewandte unglückselige Schablone der Wahl verlassen hat und dass eine Anzahl der Männer, die durch das Beginnen der Sache ihr Interesse an derselben hinreichend documentirt hatten, ohne Weiteres an der Spitze geblieben zu sein scheinen, hoffen auch, dass mit dieser Perhorrescirung republikanischer Formen fortgefahren und der Vorstand nie durch Wahl, sondern nach constanter Weise des älteren Deutschlands durch Cooptation erneuert oder ergänzt werden wird. Allein lebhaft müssen wir bedauern, dass bei der lebhaften Bekämpfung unserer Partei durch die Gegner als einer Feudal- oder Junkerpartei die doch auf der Hand liegende Klugheit, in dem Vorstande nicht blos Edelleute zu behalten, so sehr missachtet worden ist, dass der Vorstand wirklich (mit Ausnahme Ihrer Person, als eines bürgerlichen Juristen) blos aus Edelleuten besteht und dadurch das Ansehen gewinnt, ein Adelsausschuss mit einem bürgerlichen Syndicus zu sein. Wir bitten dringend darum, diesem Uebelstande einigermassen durch Cooptation noch einiger nichtadeliger Vorstandsmitglieder Abhilfe zu schaffen, — nicht als ob wir gegen die adeligen Herren des allergeringsten Misstrauens, der entferntesten Missgunst oder Eifersucht fähig wären, sondern weil unsere Partei hier (und wahrscheinlich überall) nicht blos aus principiell klaren, festen, sondern zu einem grossen Theile auch aus solchen Leuten besteht, die nur durch allgemeine Sympathie auf unsere Seite gezogen sind und die dennoch durch ihre Betheiligung für uns einen grossen Werth haben, die aber nicht ganz geschützt sind dagegen, dass ihnen feindlich Gesinnte (wenn etwa die Composition des quäst. Vorstandes von liberalen Zeitungen als ein Junkerausschuss bezeichnet werden sollte).

weiss machen, sie würden auch zu Zwecken, an die sie nicht selbst dächten, gemissbraucht. Eitelkeit ist ein allgemein verbreitetes Laster und alle eitlen Menschen sind eifersüchtig. Wie leicht aber lässt sich in diesem Falle der ganze Anlass zur Eifersucht vermeiden!

Neben diesem formellen Anstosse haben wir aber auch materielle Anstösse gefunden. Zwar stimmen wir in der Ueberzeugung vollkommen ein, dass unsere Partei in einer Kriegslage sei und dass die Mitglieder derselben verpflichtet seien, die zu dieser Kriegslage nöthigen Gelder aufzubringen; aber völlig erstaunt sind wir, dass der Vorstand einer Partei, die sich nach allen Seiten gegen bureaukratisches Wesen erklärt, selbst sich nicht besser in Verhältnisse zu finden weiss, als dass er sie rein bureaukratisch behandelt. Grade wie eine bureaukratische Regierungsbehörde ihren Secretär, wenn Gelder aufzubringen sind, beauftragt, in den Tabellen nachzusehen, wer etwa in die Kategorie Derer gehöre, von denen man die Gelder aufzubringen gedenkt und dann an dieselben ein Paar Ausschreiben auszufüllen, hat der Vorstand an uns seine Schreiben erlassen. Da eine ganze Anzahl Hallenser sich für den Volksverein interessirt hat und der Vorstand doch a priori überzeugt sein durfte, dass diese auch hier schon in einer Partei-Organisation factisch ständen, hätte er sich längst, hätte sich sofort bei den in der ersten und bisher einzigen Versammlung des Volksvereins in Berlin anwesenden Hallensern erkundigen können, wer hier als der für die Geschäfte des Vorstandes geeignete Correspondent zu betrachten sei, und würde dann erfahren haben, dass wir für solche Dinge hier einen ausgezeichneten, von uns Allen hochgeehrten und geliebten Mann in der Person des Professors Rosenberger haben, und hätte dann auf das Einfachste und Leichteste von diesem über die verschiedenen Gliederungen, Gestaltungen und Zusammenhänge der conservativen Partei in Halle Auskunft erhalten und durch ihn alle seine Verlangen in der „den localen Verhältnissen angemessenen Weise" betreiben können. Statt dessen scheint der Vorstand in den Mitgliedern des Vereins in den Provinzen blosse Parteiatome zu sehen und diese Atome, diese conservative Menschenheerde, durch die ganze Monarchie über einen Kamm scheeren zu wollen, grade wie ein gut geschulter Regierungsrath. Wenn in diesem Sinne fortgefahren werden soll, muss ich ganz einfach mit der Wahrheit herausrücken, dass der Volksverein, ehe ein halbes Jahr um ist, in Halle kein einziges Mitglied mehr hat. Uns imponirt die strenge Beaufsichtigung der Listen und des Kassenwesens, die ordnungsmässige Führung der Correspondenz u. s. w., deren sich der Vorstand in seinem Schreiben rühmt, nicht im Mindesten, denn das Alles ist bureaukratisches Zeug, welches, wenn der Verein überall local eigenthümlich gegliedert und überhaupt auf Vertrauen, statt auf Listen und Wahlmajoritäten gegründet ist, grossentheils fast völlig erspart werden kann. Wir wollen nicht als Parteiatome aufgeboten sein, sondern haben hier wieder eine sehr verschlungene Gliederung, von deren Gliedern freilich nur ein Theil dem Volksvereine beigetreten ist. Will also der Volksverein von seinen Hallischen Mitgliedern Geld, was wir ganz natürlich finden, so soll er sich in Zukunft zwar an einen von uns (etwa Professor Rosenberger) wenden, uns aber übrigens mit solchem bureaukratischen „Ueber einen Kamm scheeren" unbeschwert lassen, vielmehr uns anheimgeben, wie viel und wie wir es aufbringen können. Von einer Scheidung in Wohlhabendere und Nichtwohlhabende kann hier nicht wohl die Rede sein, weil sich bei uns durch lange Erfahrung die Ueberzeugung festgesetzt hat, einmal, dass mit kleinen Gaben von möglichst Vielen in der Regel mehr aufgebracht wird, als mit grösseren von Wenigen — und sehr Wenige dürften es ja überhaupt sein, die in Halle sofort fünf Thaler, kaum zwei, die noch mehr geben würden, da die Wohlhabenderen unter uns (allerdings unter steter Beihilfe des umwohnenden Adels und unter einer bisher mehrmaligen Zuzahlung des Vereins für König und Vaterland) nun seit dreizehn Jahren unsere „Neue Hallische Zeitung", welche (für nur 25 Sgr. quart.) täglich erscheint, aber ausser den Wahlzeiten nicht 800 Exemplare absetzt, haben stützen und tragen müssen, während sie zugleich sämmtlich unter die Stützen und Träger aller hier und zum Theil in weiterer Umgegend bestehenden, dem Bereiche der inneren Mission angehörenden Anstalten gehören und sie sich also bereits für allgemeine Zwecke einer Besteuerung unterzogen haben.

die bei den Meisten weit über den levitischen Zehnten hinausgeht und von der die weniger Wohlhabenden völlig frei geblieben sind. Die „Neue Hallische Zeitung" aber, wie wenig selbstständige Bedeutung sie auch sonst haben mag, ist ein der in unserer Provinz weitverbreiteten hämischen „Hallischen Zeitung" des Dr. Schwetschke angelegtes Gebiss, was sie doch durch ihr blosses Vorhandensein von einer Menge Unwahrheiten und Schlichen abhält, und darf also nicht aufgegeben werden, so lange es irgend menschenmöglich ist, sie zu halten.

Ich habe schon erwähnt, dass wir vollkommen durchdrungen seien von der Wahrheit, dass wir uns in einer Kriegslage befinden, — aber wenn wir Kriegssteuern zahlen sollen, ist noch etwas mehr nöthig, als dass man uns versichert, es sei ein Bureau constituirt und das Listen-Kassen-Correspondenz-Wesen und wie alle die bureaukratischen Herrlichkeiten heissen, sei in vortrefflichster Ordnung, denn wenn mit alledem der Krieg nur in der bisherigen Weise geführt werden soll, halten wir das darauf gewendete Geld dennoch für völlig weggeworfen — und zum Wegwerfen haben wir keinen Pfennig. Der Krieg ist bisher hauptsächlich mit kleinen Druckschriften und Zeitungen geführt worden. Letztere sind ja zum Theil nothwendig: Erstere aber haben vollkommen den Werth des leeren Strohes, auch wenn ihr Inhalt vollkommene Billigung verdient, was keineswegs von allen in der letzten Wahlzeit losgelassenen conservativen Drucksachen, namentlich nicht von allen „guten Räthen" gilt. Wir haben deshalb auch von ihnen gar keinen Gebrauch gemacht, denn das Meiste wird gar nicht oder nur halb gelesen und hat selbst gelesen nur eine viertelstündige Wirkung. Man ist allgemein mit solchem Futter überfüttert.

Um Krieg zu führen, muss man Terrain und Wehrmittel kennen. Diese Kenntniss scheint aber leider unserer conservativen Partei in hohem Grade abhanden gekommen. Man überzeuge sich doch, was das Terrain anbetrifft, dass in Preussen glücklicherweise der Wille Sr. Majestät noch überall den Ausschlag giebt, dass aber das Volk von einer Scheidung zwischen Sr. Majestät und zwischen dem Ministerium in praxi gar nichts weiss. Der Wille des Ministerii gilt dem Volke als Wille Sr. Majestät. Als im Herbst 1855 das Ministerium sich conservativen Wahlen geneigt bewies, half das Brambiren der Liberalen Alles nichts; seit das Ministerium für liberale Wahlen eintritt, hilft uns alle Pamphlets- und Zeitungsschmiererei gar nichts. Die jetzige Kammer ist in letzter Instanz lediglich eine Schöpfung des Ministerii. Alles, was unsere Partei den gewöhnlichen Leuten, die doch, wie seit Anfang menschlicher Gemeinwesen, die Majorität bilden, gegenüber vorbrachte: „Sr. Majestät Wünsche gingen — gar nicht auf eine demokratische Kammer", war in den Wind gesprochen, und als wir anführen konnten, die Reden Sr. Majestät bei verschiedenen Gelegenheiten und namentlich bei der Krönung gäben unserer Ansicht Recht, stutzten die Leute wohl, — bis die Ordens- und Titelliste kam; aber als sie in dieser von den ihnen bekannteren Männern nur solche ausgezeichnet sahen, die wegen ihrer liberalen und liberalsten Gesinnungen bekannt waren, lachte man uns in's Gesicht und sagte, wir verständen die Intentionen Sr. Majestät nicht, denn sonst würde der König doch nicht solche Auszeichnungen bestätigt haben. Also noch steht die Sache so, dass das Ministerium, in der Ansicht des Volkes mit Sr. Majestät identisch, die Entscheidung giebt, und wir fechten mit Papier in die Luft, so lange es nicht gelingt, Se. Majestät zu überzeugen, dass die conservativen Kreise für ihn und seine Intentionen wirklich einstehen und dass es seine Feinde sind, die ihm die Vorstellung beibringen, dass unsere Intentionen den seinigen principiell entgegenständen. Zum Theil wird die Stimmung in Deutschland, die gegen Preussen erwachsen ist (seit dessen Regierung die liberale Seite hält), zum Theil wird die liberale Partei selbst dafür sorgen, dass in diesen Dingen klare Bilder entstehen und wird uns in die Hände arbeiten, — aber ehe solche Klarheit entstanden ist, dürfen in unserem Kriege wir keine Schlacht suchen. Bis dahin kann sich unsere Kriegsaufgabe nur darauf beschränken, Kräfte zu conserviren und in geeigneter Weise, d. h. durch wirklichen Umgang (nicht aber durch langweiliges Gerede und Gedrucke) Samen auszustreuen, namentlich unter dem jüngeren Heranwuchs unserer Partei — und von Zeitungsgefechten darf nur so viel geliefert werden, um die Alten nicht ganz aus der Uebung, die Jungen aber hinein kommen zu lassen. Denn Zeitungen haben überhaupt in diesem Augenblick eine geringe Wirksamkeit. Die

„Leipziger Zeitung" ist eine altconservative, sehr gut redigirte Zeitung; sie hat wegen ihrer Inserate die allgemeinste Verbreitung in Sachsen, — sieht man aber von ihr auch nur die geringste Wirkung auf die Gesinnung in Sachsen?
Man kann im Januar Hyacinthen im Doppelfenster, Orangeblüthen im Gewächshause ziehen und Spargelpflanzen auch im südlichen Schweden im Mistbeete überwintern, — aber mit allen Heizapparaten der Welt macht kein Mensch im Januar bei uns solchen Frühling, dass ein Kornfeld dem Schossen entgegenwüchse oder ein Birkenwäldchen Blätter triebe. Dazu gehört wirkliche Frühlingsluft, — die einmal über Nacht einsetzt, wann es Zeit ist. Bis dahin, dass es Zeit sein wird, haben wir nur diese Kriegsaufgabe: Kräfte zu den schon erworbenen zu sammeln, die gesammelten zu conserviren und zu üben. Alles, was wir darüber hinaus thun, ist gerade so gut Vergeudung, als wollten wir mit angezündeten und Tag und Nacht unterhaltenen Feuern ein Birkenwäldchen im Januar zum Blättertreiben bringen — und nochmals sei es wiederholt: zum Vergeuden haben wir keinen Pfennig, wenn uns auch versichert wird, Bureau, Listen, Kassen und Correspondenzen seien in allervollkommenster Vollkommenheit. Menschen, namentlich junge Männer, brauchen wir für den Frühling, der nicht ausbleiben wird, — den wir aber nicht machen können, sondern den wir in kräftigster Sammlung abwarten müssen. Wie denn überhaupt die positiven Thaten der conservativen Partei sie nur in sehr einzelnen Fällen gefördert, in der Regel den Gegnern in die Hände gearbeitet haben — und diese Thaten sogar in der Regel, wo sie hätten stattfinden müssen, ausgeblieben sind, weil gewöhnlich das Beste der Feind des Guten war und unsere dreijährige Majorität z. B. uns das schlechte Wahlgesetz gelassen hat, weil sie nicht gleich das Beste machen konnte, während sich mit einer geringen Aenderung ein gutes hätte herstellen lassen.
Wie es in jedem längeren Kriege Perioden giebt, wo jede Schlacht vermieden werden muss, wo man, um sie zu vermeiden, Dreckmärsche auf Dreckmärsche machen, ein Regenlager mit dem anderen vertauschen muss und höchstens kleine Rückzugsgefechte liefern darf, um den Muth des gemeinen Mannes nicht ganz sinken zu lassen, — indem es hauptsächlich gilt, das Heran-

ziehen von Hilfstruppen, den Abschluss von Allianzen u. dergl. erst abzuwarten, ehe man seine Kräfte mit Macht daran setzt, so auch in politischen Feldzügen.

Mit alledem aber wollen wir uns unserer Beiträge nicht weigern, sondern sie gern einschicken, auch ohne dass uns Kriegspläne detaillirt vorgelegt werden, nur bitten wir, uns mit bureaukratischen Thaten zu verschonen und uns die Vollmacht zu geben:

„Beiträge von jedem Mitgliede des Volksvereins in unserem Bereiche und nach den Massstäben, die wir für die localangemessensten halten, einzuziehen", — zumal die ärmeren dem Volksverein Beigetretenen, da ihnen der Vorstand die versprochenen Mitgliederkarten zu übersenden vergessen hat, ihrerseits auch schon fast vergessen haben, dass der Volksverein existirt und in einem kleinen Beitrag eine zweckmässige Erinnerung an dessen Existenz erhalten werden."

In alter Liebe und Treue Ihr Leo."

Wir theilen dies Schreiben des Professors Leo in solcher Ausführlichkeit mit, einmal weil dasselbe etwas Licht auf die damals verzwickte Situation wirft, noch mehr aber, weil selbiges sehr werthvolle Fingerzeige für jede conservative Partei-Organisation und Agitation giebt und damals die durchschlagende Wirkung hatte, den Vorstand des Volksvereins — was übrigens von Hause aus in der Absicht gelegen hatte — alsbald durch bürgerliche Elemente aus allen Bevölkerungsklassen, einschliesslich des Handwerkerstandes, zu ergänzen. Meine Stellung in dem Verein war die des Schriftführers, wozu natürlich auch die Bedienung der conservativen Presse gehörte. Obgleich ich die Chefredaction der „Kreuzzeitung" niedergelegt hatte, um nicht für die Gesammthaltung derselben verantwortlich zu sein, so bin ich doch noch eine längere Zeit hindurch Mitarbeiter derselben gewesen und habe diese Mitarbeit vollständig erst alsdann eingestellt, als Herr von Nathusius-Ludom die Redaction dieser Zeitung übernahm.

Sehr undankbar würde es sein, wenn ich hier verschweigen wollte, dass die Partei der „Kreuzzeitung" mir seinerzeit ein nicht unbedeutendes Geldgeschenk gemacht hat, welches mir in der ehrendsten und freundschaftlichsten Weise durch die Herren

Graf Zedlitz-Trütschler, Graf Finck v. Finckenstein und Professor Hirsch in einem Portefeuille überreicht wurde, das als Vignette das eiserne Kreuz mit der Umschrift: „Amico nec pluribus impari" trug. Leider war ich thöricht genug, dies Geld in einem hinterpommerschen Rittergute anzulegen, wesentlich aus dem Grunde, um auch eine äusserliche Verbindung mit meinem Wahlkreise Neustettin herzustellen, so dass ich von demselben wenig mehr als Aerger und Verdruss gehabt und schliesslich dasselbe ganz verloren habe. Es soll dies nicht ein Vorwurf sein, den ich meinen Freunden, sondern den ich mir selbst mache. Zugleich glaube ich nicht verschweigen zu dürfen, dass mir aus Veranlassung meines Rücktritts von der „Kreuzzeitung" zahlreiche Adressen aus allen Theilen des Landes zugingen, von denen ich wenigstens einige, schon der Unterzeichner wegen, mittheilen will.

„Zu unserem innigen Bedauern haben wir vernommen, dass die grossen Schwierigkeiten, welche Ihnen in Ihrer Stellung als verantwortlicher Redacteur der „Kreuzzeitung" entgegengetreten sind, sowie die Anfeindungen, welche sie zu erdulden hatten, bei Ihnen den Wunsch aufkommen liessen, von der ferneren Leitung der Zeitung zurückzutreten.

Durchdrungen von den Beweisen Ihrer grossen Verdienste um dieselbe müssten wir dies Ereigniss als einen so harten Schlag, der unserer Partei ihrer schärfsten Waffe berauben würde, betrachten, dass wir es für unsere Pflicht erachten, so viel als in unseren Kräften dagegen zu wirken. Gestatten Sie uns daher die dringende Bitte:

> den ruhmreichen Kampf, den Sie, mit dem Kreuze in
> der Hand, seit dem Jahre 1848 für Wahrheit und Recht
> mit so sittlich gekröntem Erfolge gekämpft haben, nicht
> vor der Zeit aufzugeben, sondern mit Gott und Ihren
> treuen Freunden für den König und das Vaterland in
> demselben muthvoll zu beharren."

Dann werden Sie, das hoffen wir zuversichtlich, dem vollständigen Siege der gerechten Sache, sowie der ungetrübten Anerkennung Ihrer Verdienste um dieselbe sicher entgegengehen. (Leider ist das Gegentheil eingetreten. D. V.) Seit dem Beginn Ihrer segens- und einflussreichen Wirksamkeit für die Erhebung

Preussens aus dem tiefen Fall des Jahres 1848 haben wir uns stets im Einverständniss befunden, und wenn Sie irgend daran zweifeln könnten, dass das jetzt nicht mehr so wäre, so versichern wir Ihnen hierdurch,
dass wir die von Ihnen vertretenen Principien sowohl in Bezug auf unsere innere Entwickelung als auf unsere äussere Politik bis auf die neueste Zeit; dass wir die Stellung, welche Sie dem in verschiedenen Formen neuerdings aufgetretenen Despotismus und Absolutismus gegenüber eingenommen haben, und dies namentlich in Beziehung auf Frankreich und dessen Oberhaupt überall billigen und damit einverstanden sind.

Indem wir Ihnen unseren innigsten Dank für die grossen unberechenbaren Dienste, welche Sie der guten Sache geleistet, und für die Opfer, welche Sie derselben gebracht haben, abstatten, bitten wir Sie, die Versicherung unser aufrichtigsten Hochachtung zu genehmigen.

v. Ploetz-Stuchow, Landschaftsrath, v. Steinkeller, Justizrath, Treptow a. d. Rega, Dr. Wangemann, Archidiaconus und Seminardirector, Cammin, v. Wolff, Oberstlieut. a. D., C. v. d. Osten, Schloss Plathe, A. v. d. Osten, Heidebrek, zur Hellen, Kreisgerichtsdirector, Mohr, Pastor, Camnin, v. Löper, Major a. D., Stölitz, v. Dewitz, Maldewin, v. Maltzahn, Witzmitz, v. Bockelberg, Woldenburg, v. d. Osten, Pinnow, v. Eickstedt, H. v. d. Osten, Wisbu, B. v. d. Osten, Wisbu, Helm, Schwersow, Gloxin, Coldemanz, Redes, Natelfitz, E. v. d. Marwitz, Necklat, v. d. Marwitz, Landrath, v. Tichart, Pribbernow."

„Hochzuverehrender Herr! Trotz der Ueberzeugung, welche die Unterzeichneten durchdringt, dass jede mannhafte That in unserer an Männern so armen Zeit ihren Lohn in sich selber trägt, haben wir es dennoch nicht unterlassen wollen, Ihnen von Pommern aus unsere Hand entgegenzustrecken und Ihnen mit unserem Händedruck zu bezeugen, dass wir Ihnen Dank, herzlichen Dank wissen für die Tapferkeit, womit Sie in aller Gunst und Ungunst der Umstände treu und fest, wie es wahrhaften Christen und Preussen ziemt, das conservative Banner hoch gehalten und zu unserem und aller wackeren Patrioten Troste durch die Schwankungen aufgeregter Politik hindurchgetragen haben. Wir danken Ihnen mit dem gesammten Vaterlande, dass Sie in Ihrem und unserem Organe die Interessen unseres angestammten Königshauses, welches Gott segnen wolle, vertreten; dass Sie die durch eine unvergleichliche Geschichte dem Preussenlande angeerbten socialen Verhältnisse gewahrt; dass Sie das Princip der Loyalität geschützt und verfochten haben einer Richtung gegenüber, die den kühnen Griff des Emporkömmlings, um des Erfolges willen, gut heisst und heilig spricht, ohne der Consequenzen zu gedenken, die von dort aus die Fundamente unserer ehrwürdigsten und segensreichsten Institutionen bedrohen.

Wenn das Gefühl, in einem Sinne mit treuen Preussenherzen gehandelt zu haben, in schwerer Zeit aufrichtet und stärkt, so haben wir mit unserem Händedruck und Dank Ihnen noch einmal sagen wollen, was Sie längst wissen, dass Sie nicht allein stehen, dass Sie verstanden werden und die Treue, wo und wie sie sich in den Preussenlanden findet, mit Ihnen ist.

Kämpfen Sie den heiligen Kampf fort, ermüden Sie nicht, wenn die Saat, welche Sie ausstreuen, lange auf sich warten lässt. Es wird, es muss die Ernte kommen. Das helfe Gott!

Es würde uns zu ganz besonderer Befriedigung gereichen, wenn Sie durch Insertion dieser Kundgebung in unserer Zeitung derselben den Character eines offenen Dankes beilegen wollten.

Otto, Superintendent, Naugard, v. Vormann, Kl. Benz, v. Dewitz, Wussow, v. Heyden, Schlössin, v. Dewitz, Farbezin, F. Gelgke, F. v. Eisenhart-Rothe, Lietzow, v. Knobelsdorf, Brenkenhof, v. Münchow, v. Eisenhart-Rothe, Düsterbeck, von d. Osten, Glietzig."

„Gestatten Sie den Unterzeichneten, Ihnen in wenigen aus dem Herzen kommenden Worten ihren tiefgefühlten Dank für Ihr bisheriges erfolgreiches Wirken auszusprechen.

Seit dem Jahre der Schande haben Sie vom wahren Staatsfundamente, vom christlichen Standpunkte aus mit eiserner Consequenz den inneren und äusseren Feinden, der Revolution in jeglicher Gestalt und dem nach deutschem Boden lüsternen gallischen Hahn muthig entgegengekämpft und aller Anfechtung ungeachtet ausgeharrt und nicht gewankt.

Von Neuem regen sich überall Mord, Anarchie und feindliches Gelüste, wenn auch oft unter gleisnerischer, Volkswohl und -Freundschaft heuchelnder Maske. Darum lassen Sie auch ferner Ihre warnende Stimme, Ihr „Wachet auf!" erschallen. Lassen Sie auch ferner Ihre vielen Freunde im Lande in Ihnen den festen Mittelpunkt finden, an den sich alle Vaterlandsfreunde eng anschliessen, um wie bisher mit der gnädigen Hilfe des alten treuen Gottes für ein starkes Königthum, für Wahrheit und Recht und so zum wahren Wohle unseres theuren christlichen Vaterlandes zu kämpfen und zu siegen. Das walte der allmächtige Herr unser Gott! Aus Neuvorpommern, im Februar 1853. A. G. v. Hennigs, Stremlow, H. v. Hennigs, Techlin, Barkow, Prof. und Geh. Justizrath, v. Schultz, Pr.-Lieutenant im 2. Landw.-Regiment, Brieger, Lehrer, Prof. Dr. Kosegarten, Greifswald, Dr. Reinhard, Oberlehrer, Friedrich, Kaufmann, Schmidt, past. design., Schlör, Lehrer, Rudolphi, Lehrer, Kahlmann, Lehrer, Greifswald, Lehmann, Gymnasiallehrer, Greifswald, Braun, Lehrer, Greifswald, Heidemann, Lehrer, Greifswald, A. Lehmann, Lehrer, Greifswald, Wagner, Buchbinder, Greifswald, Graf Krassow, Regier.-Präsident, Baron Krassow, Gutsbesitzer, Graf v. Bohlen, Gutsbesitzer, Hilmers, Hilfsprediger, v. Kardorff, Reg.-Ref., Haselberg, Regierungs- und Medicinalrath, v. Roeder, Ober-Regierungsrath, Wilken, Archidiaconus, v. Harder, Oberstlieutenant a. D., v. Döhn, Kaufmann, Baron v. Langen, Rittergutsbesitzer, Baron Rolangen, Lieutenant im 2. schwer. Landw.-R.-R."

„Den Unterzeichneten ist mit wahrem Bedauern zur Kenntniss gekommen, dass nicht allein Euer Wohlgeboren so schmerzlich erschüttertes Familienglück, sondern auch so mannigfache in Ihren patriotisch aufopfernden Bestrebungen Sie persönlich berührende Unannehmlichkeiten die Veranlassung geben dürften, die Redaction der von uns seit ihrem ersten Erscheinen mit Dank und Freude begrüssten Zeitung niederzulegen.

Ganz unvergesslich wird gewiss jedem Patrioten im echt preussischen Nationalgefühl der Muth und die Beharrlichkeit sein, mit der Euer Wohlgeboren unter den schwierigsten Verhältnissen in den schmachvollen Jahren 1848 und 1849 mit persönlicher Gefahr dazu beitrugen, das wahre patriotische Gefühl wieder zu heben, die schwachen und schwankenden Gemüther aufzurichten und ihnen die Augen vor dem Abgrunde zu öffnen, der uns Alle zu verschlingen drohte.

Nicht minder anerkennungswürdig ist die Absicht, alle Gefahren, die unserem theuren Vaterlande drohen, recht klar in jedem Leitartikel zu beleuchten, und muss das patriotische Streben und die edle Absicht, die ihm zum Grunde liegen, geehrt werden. Anderentheils ist nicht zu leugnen, dass in politischer Beziehung unsere Regierung denen der übrigen Staaten gegenüber Schonung verlangen muss, und es gerade die Pflicht eines so conservativen Blattes gebeut, gewisse Verhältnisse zarter zu behandeln und jede Bitterkeit und Spöttelei zu vermeiden, welche die Wahrheit nicht mehr hebt, wohl aber den betreffenden Theil reizt, erbittert und auf das höhere politische vaterländische Interesse nachtheilig einwirken muss.

Wenn die Unterzeichneten im wärmsten Interesse für Ihr Blatt hier ganz offen Ihre Ansicht aussprachen, so geben sie aber der Hoffnung Raum, dass Euer Wohlgeboren nicht ohne Berücksichtigung ihrer Wünsche die Redaction der „Neuen Preussischen Zeitung", die so segensreich und kräftig im Geiste der conservativen Partei bisher durch Sie geleitet wurde, fortsetzen werden.

Mit der Versicherung der vorzüglichsten Hochachtung zeichnen Euer Wohlgeboren ganz ergebene Graf Seydewitz, Landrath Torgauer Kreises, Petri, Pfarrer, v. Griesheim, v. Griesheim, Major a. D., Staude, Postmeister, v. Briesen, Kreisdeputirter, v. Griesheim I, Schmidt, Oberpfarrer, Belgern, Diac. Bretschneider, Belgern, Ilberg, Kreisgerichtsrath, Belgern, Zschiesing, Kreissekr., v. Thielau, Landstallmeister, Graditz, Oske, Director, Liebenwerda, Plessner, Kreisgerichtsrath, Liebenwerda, v. Minckwitz, Oberförster, v. Hellwig, v. Billerbeck, v. Schaper, Landrathamts-Verweser, Liebenwerda."

Mit meiner durch den Einfluss des Herrn v. Blanckenburg bewirkten Wiederwahl in den preussischen Landtag für den Wahlkreis Naugard-Regenwalde beginnt dann ein neues Stadium meiner Stellung und Wirksamkeit.

Erlebtes.

Von

Hermann Wagener,
Wirklichem Geheimen Ober-Regierungsrathe.

Zweite Abtheilung.

Wie schon angedeutet, kann man die „neue Aera", deren Beginn und Verlauf nur alsdann richtig verstehen, wenn man die Vergangenheit in der Kürze Revue passiren lässt und dort die verschiedenen Momente klarlegt, aus denen sich jenes Facit schliesslich zusammensetzte. Das zunächst in die Augen springende Moment war die sehr weit verbreitete Missstimmung über den Stand unserer inneren und äusseren Politik zu der Zeit der Erkrankung des hochseligen Königs. Man hatte es mit Recht noch nicht vergessen und verschmerzt, dass Preussen bei den Conferenzen über den Pariser Frieden eigentlich nur als politischer Parasit zugelassen und dass seine Aufnahme dort von der Art war, als ob der Anspruch Preussens, als europäische Grossmacht behandelt und gewürdigt zu werden, durch seine Haltung während des Krimkrieges zweifelhaft geworden wäre. Die Wehklagen über Olmütz und die Incrimination des Herrn v. Manteuffel als des verantwortlichen Urhebers dieser Demüthigung war in allen den Kreisen, welche überwiegend Gefühlspolitik treiben oder gewohnt sind, die Geschichte im Parteiinteresse zu entstellen, allmälig eine Art von politischem Axiom geworden, welches selbst Diejenigen nach und nach acceptirten, die seinerzeit die betreffende Action des Herrn v. Manteuffel mit vollem Beifall begleitet hatten. Wir haben uns niemals dieser Schwäche schuldig gemacht. Nicht dass wir Olmütz nicht auch als eine Demüthigung empfunden hätten, aber als eine verdiente des revolutionären, in sich uneinigen Preussens, welches gewisse phantastische Traumgebilde als Realitäten behandelt hatte und sich nun plötzlich darüber beschwerte, wie Absalom mit den Haaren in den Zweigen der Eiche hängen geblieben zu sein.

Man kann bei dieser Gelegenheit nicht eindringlich genug wiederholen, dass wir ohne Olmütz nicht allein in einen durch die äusserste Linke der Frankfurter Nationalversammlung bereits vorbereiteten und angebahnten Bürgerkrieg hineintrieben, sondern dass wir auch dem Kaiser Nicolaus die Bahn bereiteten, mit den Waffen in Deutschland zu interveniren und dadurch für Russland eine seine bisherige bei Weitem überragende internationale Machtstellung zu gewinnen. Hätte die Kreuzzeitung — wie man ihr seit Langem Schuld gegeben — lediglich ein einseitiges Parteiinteresse verfolgt oder hätte sie gar die Restauration des patriarchalischen Absolutismus erstrebt, so hätte ihr Nichts willkommener sein können, als eine derartige russische Intervention; doch ist schon in dem „Leben Friedrich Wilhelm IV." des Näheren dargelegt, dass und aus welchen Gründen beispielsweise der Feldmarschall Graf Dohna alle darauf abzielenden Anerbietungen Russlands zurückgewiesen hat. Unsere Politik war eine weitsichtigere und es ist nicht das Verdienst Derer, welche nicht müde werden, Olmütz zu schmähen, dass die deutsche Einheit schliesslich in einer, alle früheren Erwartungen übertreffenden Weise zu Stande gekommen ist. Die parlamentarische Agitation, sowie die Turner-, Schützen- und Sängervereine, von denen man damals die Herstellung der deutschen Einheit erhoffte, haben sich bald als ein Spielzeug für grosse Kinder erwiesen, und selbst die einzige fürstliche Persönlichkeit, welche sich jemals, soviel wie wir wissen, an selbigen betheiligt, hat ihnen den Rücken zugewandt, als ein bekannter Berliner Schützenbruder zu Frankfurt a. M. sie in etwas angeheiterter Stimmung mit dem traulichen Du anredete.

Man wird uns nicht im Verdacht haben, dass wir die verantwortlichen Componisten der Ouverture der neuen Aera als Staatsmänner betrachten und kritisiren. Dieselben waren eben nichts weiter, als die zweite weder verbesserte noch vermehrte Auflage des bekannten Gothaerthums, die naiv genug waren, Preussen mit dem angepriesenen zahmen Constitutionalismus beglücken zu wollen, und die völlig rathlos der Thatsache gegenüberstanden, als aus der geöffneten Flasche der so lange versiegelt gewesene Geist der Demokratie emporstieg.

Das zweite Moment war eine gewisse nicht ungerechtfertigte Missstimmung in den höheren Kreisen gegen einzelne Führer der conservativen Partei, welche es allerdings in den verflossenen Jahren nicht selten an der gebotenen Ehrerbietung und Rücksicht nach Oben hatten fehlen lassen, und deshalb auch alsbald mit dem Beginn der neuen Aera aus ihren Stellungen verschwanden, doch müssen wir es uns versagen hierauf näher einzugehen, da eine retrospective Revue hier wohl nach keiner Seite hin willkommen sein dürfte. Was aber noch mehr als alles Andere in das Gewicht fällt, ist der Umstand, dass wir uns mit der Annahme und Entwickelung des constitutionellen Gedankens auf die abschüssige Ebene begaben und uns, ohne es zu wissen und zu wollen, in der ersten Entwickelungsphase der kapitalistischen Gesellschaftsordnung und des Bourgeois-Regiments befanden. Die Conflictszeit selbst war dann der durch die Verheissungen der neuen Aera ermuthigte Versuch, sich die Krone zu unterwerfen und dienstbar zu machen, und zwar war dies so sehr die Hauptsache, dass daneben — wie sich dies in dem weiteren Verlaufe herausstellen wird — alles Andere als relativ indifferent erschien und die früheren Schlagworte zeitweilig völlig in den Hintergrund traten. Leider aber trat ein derartiger Widerspruch nicht bloss bei der Demokratie, sondern auch bei der Regierung zu Tage, wenigstens haben wir es stets als einen solchen betrachtet, dass man den Versuch machte, mit der Inauguration des Constitutionalismus gleichzeitig eine Verstärkung und Umformung der Armee zu erzielen. Ein Blick auf England hätte genügt, uns das Aussichtslose eines solchen Versuchs in das Licht zu stellen.

Dass mit der politischen Etablirung des dritten Standes gleichzeitig auch dessen Hinterleute in die Erscheinung traten, konnte nur Diejenigen überraschen und befremden, denen die verschiedenen revolutionären Entwickelungsphasen Frankreichs böhmische Dörfer waren, und Nichts kann thörichter sein, als die noch immer bei den Fortschrittlern beliebte Behauptung, dass der Fürst Bismarck durch seinen Verkehr mit Lassalle die Socialdemokratie in Deutschland in das Leben gerufen und grossgezogen habe. Das Auftreten der Socialdemokratie war Nichts als das Zutagetreten eines bis dahin mühsam verhüllten Gegensatzes, der nicht bloss in der Theorie, sondern sehr viel intensiver in der Gegensätzlichkeit der Interessen seine Quelle hatte. Es giebt in dieser Beziehung kaum etwas Lehrreicheres, als die Lebensgeschichte des Königsberger Dr. Jacobi, welcher bekanntlich vom Verfasser der „Vier Fragen" allmälig zum ausgesprochenen

Socialdemokraten avancirte, und zwar einfach aus dem Grunde, weil er ein ehrlicher Mann war, der es mit den Principien und Schlagworten der Demokratie ernsthaft meinte und deshalb schon durch die Logik gezwungen war, dem sich immer mehr entwickelnden Heuchelsystem seiner Parteigenossen abzusagen. Ich habe selbst mehrfach und, wie ich glaube, noch vor dem Fürsten Bismarck mit den Häuptern der Socialdemokratie und speciell auch mit Herrn Lassalle verkehrt und habe mit Letzterem namentlich sehr eingehend die Frage verhandelt, dass für die Hebung der Lage der arbeitenden Klasse der standard of life der Mittelstände der einzig richtige Massstab und dass es ein grosser Fehler sei, die Blicke der grossen Masse immer auf die oberen Zehntausend zu richten und dadurch die Frage selbst in ein schiefes Licht zu stellen. Ohne die Sicherung und Hebung der Lage der Mittelstände seien alle Versuche, die sociale Frage auf gesetzlichem Wege zu lösen, aussichtslos und es bleibe auch für die Agitation der Socialdemokratie keine andere Perspective, als die auf eine blutige Revolution. Lassalle war bei dieser Gelegenheit so freundlich auszusprechen: dass er, Bismarck und ich — so war die Reihenfolge — die drei klügsten Leute in Preussen seien (der Dr. Windthorst war damals noch nicht annectirt) und dies Compliment war für mich um so schmeichelhafter, als ich Lassalle, wenn auch nicht für den klügsten, so doch für einen sehr klugen und energischen Mann gehalten habe. Uebrigens ist Lassalle nicht der einzige demokratische Führer, zu dem ich in Beziehung stand; ich habe stets sehr gern mit klugen und energischen Leuten verkehrt und deren eine ganze Anzahl in der Socialdemokratie gefunden. Natürlich geschah dies nicht in der Absicht, ihre Bestrebungen zu fördern, sondern nur um dieselben gründlich kennen zu lernen und Mittel und Wege zu finden, selbige entweder in die rechte Bahn zu leiten oder zu überwinden. Zu diesen Führern rechne ich auch die inzwischen verstorbene Gräfin Hatzfeld, welche mir wiederholt die Ehre ihres Besuches hat zu Theil werden lassen und aus deren Munde ich insbesondere auch die näheren Umstände bei dem verhängnissvollen Duell Lassalle's vernommen habe.

Das Urtheil Lassalle's über die Fortschrittspartei und deren politische Thätigkeit ist bekannt, ebenso wie die Art und Weise, in welcher er den wirklichen und den ökonomischen „Julian" heimleuchtete, doch bestand die wesentliche Schwäche seiner Position, welche auch von seinen Schülern noch nicht überwunden ist, darin, dass er bei seinen Angriffen auf das Kapital, ebenso wie sein Vorgänger Marx, stets nur das producirende und nicht das speculirende Kapital in das Auge fasste, so dass bei ihm von dem grossen speculirenden und alle unsere Verkehrsverhältnisse beherrschenden Kapital an den Börsen kaum die Rede ist.

Ueber die ersten Ministerien der neuen Aera, also über die Ministerien Hohenzollern und Hohenlohe, ist nicht nöthig, viele Worte zu machen, da man es von Anbeginn eigentlich mit einem Ministerium Auerswald zu thun hatte und die beiden genannten Herren daher mehr als Decoration betrachtet und behandelt wurden. Nach meiner Auffassung bewegte die neue Aera sich von Hause aus in einem unlösbaren Widerspruch. Man verwarf auf der einen Seite mit einem gewissen Aufwand von sittlicher Entrüstung den Manteuffel'schen Pseudo-Liberalismus und Constitutionalismus und verwahrte sich auf der anderen dagegen, den wiederholt und mit grosser Majorität gefassten Beschlüssen eine massgebende Bedeutung einzuräumen, getreu dem Recepte jenes Mannes, der zu seiner Frau sagte: „Wenn Du willst wie ich, dann soll es nach Deinem Kopfe gehen." Einen Conflict wie unter der neuen Aera hat Herr von Manteuffel niemals erlebt und sich niemals in der Lage befunden, ohne rite festgestelltes Budget zu regieren.

Diese Eventualität aber musste man um so mehr vorhersehen, als es sich gleich im Anbeginn um Vorlagen handelte, welche, wenn auch nicht gleichmässig, bei den beiden grossen Parteien Widerspruch fanden, ich meine die Regulirung der Grundsteuer und die Armee-Reorganisation. Dass und in welcher Weise die sogenannte Grundsteuer-Regulirung damals durchgetrieben wurde, ist bekannt und wird es heute, wo die Ueberlastung des Grundbesitzes fast allgemein anerkannt wird, und man, wenn auch noch ziemlich schüchtern, nach Mitteln und Wegen sucht, Abhilfe zu schaffen, wohl Entschuldigung finden, wenn damals ein grosser Theil der conservativen Partei, insbesondere des Herrenhauses, Widerstand leistete, während ein anderer nicht ohne Widerstreben nur aus patriotischen Gründen und mit Rücksicht eben auf die Armee-Reorganisation sich zu dieser Bewilligung herbeiliess. Dass diejenigen Mitglieder des Herrenhauses, welche keine Grundsteuer zahlen, dieselbe mit leichtem Herzen votirten, wird selbigen kaum zum Ruhme gereichen. Im Wesentlichen umgekehrt stellten sich die Parteien zu der Militär-Reorganisation, und waren es hier insbesondere die Repräsentanten des echten Constitutionalismus, welche, obschon sie nur durch die neue Aera galvanisirt waren, doch ihre Lebensfähigkeit daran erproben zu sollen meinten, dass sie jenem Projecte, dessen eigentlicher Urheber und Träger ihnen nicht unbekannt war, bis auf das Messer Widerstand leisteten. Ich glaube nicht mehr indiscret zu sein, wenn ich hier die Thatsache erwähne, dass während der Verhandlungen über die Armee-Reorganisation der jüngst verstorbene Ober-Regierungsrath von Brauchitsch auf Kl.-Katz, dessen Vater — so viel ich mich erinnere — als Commandeur des Garde du Corps-Regiments in näheren persönlichen Beziehungen zu Sr. Königlichen Hoheit dem Prinzen von Preussen gestanden hatte, dem Herrn von Blankenburg und mir ein Manuscript zeigte, dessen Autor Se. Königliche Hoheit war und welches im Wesentlichen, und zwar aus sehr viel früherer Zeit, die Grundzüge des jetzt vorgelegten Projects enthielt. Der parlamentarische Vertreter dieses Projects war der damalige Kriegsminister, spätere Generalfeldmarschall von Roon, ein durch wissenschaftliche Bildung wie durch Energie und Charakter gleich ausgezeichneter Mann, der indess von Hause aus gewisse liberale Sympathien hatte, welche es ihm eben ermöglichten, in dieses Ministerium der neuen Aera einzutreten. Derselbe war am 30. April 1803 auf dem Familiengute Plenshagen bei Colberg in ziemlich beschränkten Verhältnissen geboren, hatte seine militärische Ausbildung in den Kadettenhäusern zu Culm und Berlin empfangen und war zuerst ein sehr kleiner schwächlicher Lieutenant, machte jedoch bald als Lieutenant solche Fortschritte, dass, wie mir ein naher Verwandter von ihm sagte, ihm seine Uniform um einen Fuss zu kurz und zu eng wurde. Mit dieser Ausbildung seines Körpers hielt die des Geistes gleichen Schritt. Es ist bekannt, dass er sich schon früh durch wissenschaftliche Arbeiten bemerklich machte und dass er namentlich das geographische System von Ritter popularisirte durch ein geographisches Lehrbuch für die Kadettenanstalten, den sogenannten „Kleinen Roon", welcher zahlreiche Auflagen erlebte. In Folge seiner wissenschaftlichen Tüchtigkeit wurde er bald Lehrer an Kadettenanstalten und an der Kriegsakademie, bewährte sich indess auch als Generalstabs-, sowie als Frontofficier, so dass er bereits im Jahre 1841 Major im Generalstabe war und im Jahre 1842 wegen seiner Vorlesungen an der Kriegsakademie zum grossen Generalstabe nach Berlin versetzt und hier alsbald zum Lehrer des Prinzen Friedrich Karl in der Geographie und Taktik designirt wurde. Im Mai 1848 wurde er als Chef des Generalstabes nach Coblenz versetzt und datirt von da — so viel ich weiss — sein näheres persönliches Verhältniss zu Sr. Königlichen Hoheit dem Prinzen von Preussen. Während dieser Zeit bin ich zum ersten Mal, und zwar in dem Hause des Herrn von Blankenburg, mit demselben in persönliche Berührung gekommen. Weihnachten 1850 zum Regiments-Commandeur in Thorn, 1856 zum Commandeur der 20. Infanterie-Brigade in Posen ernannt, wurde er bereits im November 1858 Commandeur der 14. Division, deren Stab in Düsseldorf stand. Um diese Zeit wurde Herr von Roon veranlasst, Sr. Königl. Hoheit dem Regenten Anfangs mündlich, dann in Form einer Denkschrift seine Ansicht über eine Reorganisation der Armee und zwar zunächst über diejenige der Infanterie vorzutragen. Eine weitere Folge konnte diese Denkschrift zunächst schon um desswillen nicht haben, als die Mobilmachung des Jahres 1859 alle organisatorischen Veränderungen in der Armee ausschloss, so sehr sie die Nothwendigkeit derselben auch von Neuem auf das Augenfälligste darthat. Die neuen Warnehmungen hatten die ähnlichen früheren so unzweideutig bestätigt, dass des Regenten Königliche Hoheit es für seine allernächste Pflicht hielt, der dringenden, weil um des Vaterlandes willen nöthigen, Abhilfe unverzüglich näher zu treten. Im Anfang September 1859 wurde Herr von Roon daher nach Berlin berufen, um den inzwischen auf Veranlassung jener Denkschrift im Kriegsministerium bearbeiteten Reorganisationsplan der Armee kennen zu lernen und zu begutachten. Er stattete darüber schriftlich einen eingehenden, im Wesentlichen zustimmenden Bericht ab. Behufs mündlicher

Erläuterung desselben von Seiner Königlichen Hoheit nach Baden berufen, wurde das Project seiner Vollendung nahe geführt. Auf Allerhöchsten Befehl nahm er demnächst auch an den im October und November über diesen wichtigen Gegenstand zu Berlin stattfindenden commissarischen Verhandlungen Theil und bald darauf, am 5. December 1859, erfolgte seine Ernennung zum Kriegsminister, nachdem er einige Monate vorher zum Generallieutenant befördert worden war. Herr von Roon war kaum zwei Monate lang zum Kriegsminister ernannt, als bereits die Vorlagen in Betreff der Reorganisation im Abgeordnetenhause eingebracht wurden und er sich in heisse parlamentarische Kämpfe mit Gegnern verwickelt sah, deren Erbitterung stets im Steigen begriffen war und schliesslich die Grenzen des persönlichen Anstandes nicht selten weit hinter sich liess. Es genügt, in dieser Beziehung an das Kainszeichen des Herrn Gneist und an gewisse nicht minder verbindliche Aeusserungen des Herrn von Sybel zu erinnern, welche beide Herren jetzt auf ihren Lorbeeren ausruhen, während Andere, die damals gleichsam auf verlorenen Posten standen, schon lange bei Seite geschoben sind.

Es war am 10. Februar 1860, als die Einbringung erfolgte und Herr von Roon bemerkte bei dieser Gelegenheit unter Anderem: „Die Regierung hat erst nach sehr reiflicher und ernster Prüfung daran gedacht, die gegenwärtig beabsichtigte Reform in die Wege zu leiten. Sie ist dabei nicht von einseitigen Liebhabereien oder vorgefassten Meinungen ausgegangen, sondern hat recht eigentlich das Wesen der Sache zu erfassen versucht. Es hat deshalb an keiner Massnahme gefehlt, welche zur Zeitigung und Reife des Projectes irgendwie hätte beitragen können. Die behauptete Nothwendigkeit von der Reorganisation unseres Heerwesens, von der, wie ich glaube, das ganze Volk durchdrungen ist, beruht auf der seit Gründung unserer Kriegsverfassung eingetretenen socialen Umgestaltung im Innern unseres Landes, wie auch auf der politischen Umgestaltung im Innern unseres Welttheils; sie beruht ferner auf der Nothwendigkeit, dass Allen gleiche Lasten erwachsen aus der gleichen Verpflichtung zum Kriegsdienste. Das allgemeine Bedürfniss nach einer Reform ist ein gleichmässig von der Regierung wie von der Nation anerkanntes. Dieses Bedürfniss, welches der Würde und der Steigerung des Ansehens der Regierung Rechnung trägt, ist mit dem Bedürfnisse identisch, welches der politischen Bedeutung des Bundes ein grösseres, das gebührende Gewicht zu geben strebt. Das Ansehen der Nation und das Ansehen der Regierung sind in Preussen nicht von einander zu scheiden. Es ist daher kein specifisch gouvernementales Interesse, welches dies Reformproject in's Leben gerufen hat, sondern nur das gouvernementale Interesse, welches der getreue Reflex der nationalen Interessen ist. Um dieses nationale Interesse mit Ehre und Erfolg wahrnehmen zu können, ist die beabsichtigte Reform unerlässlich." Diesen beherzigenswerthen Worten Roon's folgten sehr bald entscheidende Thaten. Durch Cabinetsordre vom 5. Mai 1860 wurde die Bildung der neuen Regimenter, der zuvörderst sogenannten „combinirten Infanterie-Regimenter", aus den vorhandenen Landwehr-Stammbataillonen befohlen und an demselben Tage legte die Staatsregierung, weil die Erledigung der ursprünglichen Vorlage nicht rechtzeitig zu erwarten war, dem Landtage einen Gesetzentwurf vor, durch welchen der Kriegsminister zur Aufrechthaltung und Vervollständigung derjenigen Massregeln ermächtigt wurde, welche für die fernere Kriegsbereitschaft und erhöhte Streitbarkeit des Heeres erforderlich und auf den bisherigen gesetzlichen Grundlagen thunlich sein würden. Zu diesem Zwecke wurde die Bewilligung von neun Millionen für die Zeit vom 1. Mai 1860 bis zum 30. Mai 1861 verlangt. Diese Summe wurde bewilligt; die thatsächlich bereits eingeführte Heeres-Reorganisation erhielt dadurch die Sanction des Landtages, weil der Kriegsminister, in diesem Punkte von dem Finanzminister unterstützt, vor der Bewilligung der Gelder darauf hingewiesen hatte, dass die getroffenen Massregeln der Natur- der Sache nach von Dauer sein müssten und deshalb nicht rückgängig gemacht werden könnten. Inzwischen hatte Herr von Roon die Durchführung der Reorganisation mit grösster Energie betrieben, und als im Jahre 1861 der Landtag den Militäretat berieth, war dieselbe im Wesentlichen bereits vollendet. Dies constatirte auch die Königliche Ordre vom 4. Juli 1860, durch welche den Truppentheilen aller Waffen ihre definitiven Namen ertheilt wurden, ausdrücklich und demgemäss fand im Januar 1861 während des Zusammenseins des Landtages die Fahnenweihe der neu errichteten Regimenter statt. Mit diesem feierlichen Acte erhielt das grosse Reformwerk wenigstens für die Infanterie seinen äusserlichen Abschluss.

Das Resultat der Verhandlungen des Abgeordnetenhauses über den Militäretat war im Jahre 1861 im Wesentlichen Folgendes: Von der Commission wie von den Rednern der Mehrheit des Hauses wurde zwar allseitig anerkannt, dass die Regierung sich bis dahin in der Ausführung der Reorganisation innerhalb der Schranken des Gesetzes gehalten habe. Dagegen war die Mehrheit der Ansicht, dass zur dauernden Durchführung derselben eine Abänderung des Gesetzes vom 3. September 1814 nothwendig sei. Das Haus bewilligte daher die Mittel zur weiteren Aufrechterhaltung der thatsächlich durchgeführten Reorganisation auch diesmal nur im Extraordinarium, weil zur Herbeiführung des Definitivums die Wiedervorlage eines Militärgesetzes zu erwarten sei. Ein solches war im Jahre vorher bereits eingebracht worden, aber nicht zu Stande gekommen, und der Kriegsminister sprach die Bereitwilligkeit der Regierung aus, eine derartige Vorlage dem Landtage von Neuem zu machen. Während der Session im Jahre 1862 spielte die Fortschrittspartei im Abgeordnetenhause ihre letzten Trümpfe gegen die Armee-Reorganisation aus und führte vorzugsweise dadurch den Conflict zwischen der Staatsregierung und der Majorität des Abgeordnetenhauses herbei. Das Ministerium Auerswald hatte im März 1862 bekanntlich das Abgeordnetenhaus wegen Annahme des Hagenschen Antrags aufgelöst und war dann selbst zurückgetreten. Am 19. Mai wurde darauf nach Beendigung der Neuwahlen der Landtag von dem Ministerium wieder einberufen, mit dessen Leitung nach dem Rücktritt des Fürsten Hohenlohe der Minister von der Heydt interimistisch beauftragt worden war. Ungeachtet der bis an die äusserste Grenze der Möglichkeit entgegenkommenden Haltung des Kriegsministers, welcher die Vorlage des neuen Militärgesetzes bis zum Jahre 1863 bestimmt zusagte und sich damit einverstanden erklärte, dass die Kosten der Reorganisation statt im Ordinarium wiederum nur im Extraordinarium bewilligt wurden und zugleich anerkannte, dass die seit Beginn des Jahres 1862 geleisteten Ausgaben der nachträglichen Genehmigung des

Landtages bedürften, eröffnete das neue Abgeordnetenhaus seine Thätigkeit mit einer offenen Kriegserklärung gegen die Regierung. Es lehnte die sämmtlichen Ausgaben der Reorganisation auch für 1862 ab, während das Herrenhaus den von der Regierung eingebrachten Etat unverändert annahm.

In dieser Verwickelung übernahm der Fürst Bismarck die Leitung der Geschäfte, eine Veränderung, welche mehr als einen Systemwechsel bedeutete.

Bevor wir indess hier weiter vorwärts schreiten, erscheint es angezeigt, zur richtigen Würdigung der Stellung und Haltung der conservativen Partei einen Blick rückwärts zu werfen. Man wird sich erinnern, dass es in den letzten Regierungsjahren des hochseligen Königs die Thätigkeit des Cultusministers v. Raumer war, welche in allen liberalen Kreisen, kirchlichen wie politischen, den grössten Anstoss erregte und dass in dem Cultusministerium die damalige rechte Hand des Ministers, der Geheimrath Bindewald, zu den bestgehassten Leuten zählte. Man glaubte deshalb auch in dem Beginn der neuen Aera der öffentlichen Meinung eine Concession auf diesem Gebiete schuldig zu sein und diese bestand darin, dass man den Herrn von Raumer durch den Herrn von Bethmann-Hollweg ersetzte und den Geheimrath Bindewald — wie ich meine, mit Verletzung der damaligen Gesetzgebung — zur Disposition stellte. Herr von Bethmann war ein mehr salbungsvoller als klarer und energischer Politiker, dessen Patriotismus der Präsident von Gerlach dadurch in das Licht zu stellen pflegte, dass derselbe Einer der Wenigen gewesen sei, welche es vorgezogen hatten, die Befreiungskriege nicht mitzumachen, und der auch seine vielgerühmte Toleranz alsbald in ähnlicher Weise illustrirte, wie sein theologischer Doppelgänger, der Graf Schwerin. Natürlich war derselbe gegen eine Kritik von rechts her sehr empfindlich, da er nicht allein zu den Mitbegründern der Kreuzzeitung zählte, sondern in der ersten Zeit die wöchentlichen Partei-Berathungen in seiner Wohnung, Hôtel des princes in der Behrenstrasse, stattfanden, er auch in der politischen Mythologie noch immer als ein Mitglied der Rechten und kirchlich als ein Vertreter des Positivismus gelten wollte. Zur Steuer der Wahrheit darf ich jedoch dabei nicht verschweigen, dass er mich gleich Anfangs wiederholt davor warnte, mich nicht von den Gerlachs beeinflussen zu lassen. Zum öffentlichen Eclat kam seine Empfindlichkeit in dem bekannten altmärkischen Patronenprocess, in welchem ich als Vertheidiger der Angeklagten fungirte und auch in erster Instanz ein freisprechendes, allerdings in der Appellationsinstanz auf Verurtheilung abgeändertes Erkenntniss erzielte. Selbstverständlich dauerte diese Halbheit nicht lange und die Abnutzung war so gründlich, dass, als Herr von Bethmann aufhörte Minister zu sein, er allseitig auch als politisch todter Mann betrachtet wurde.

Der Zweite im Bunde war der bei jeder Confusion unvermeidliche Graf Schwerin, welcher auch hier mit viel Biederkeit und gutem Willen seine alte Kunst bewährte, den Staatswagen in den Schmutz zu schieben und das Herausholen Anderen zu überlassen. Zu seiner Entschuldigung muss ich dabei bemerken, dass er trotz aller trüben Erfahrungen immer noch ein aufrichtig Constitutioneller war und dabei beharrte, für das Misslingen seiner Bestrebungen nicht seine mangelhafte Kunst, sondern die böse Reaction verantwortlich zu machen. Die Herren sahen eben in ihrer Einseitigkeit nicht, dass sie nicht gegen die conservative Partei, sondern gegen das alte Preussen Sturm liefen und dass dies für ihren Kopf um so bedenklicher war, als es sich dabei nicht um eine Wand von Pappe, sondern noch immer um den von Friedrich Wilhelm I. etablirten rocher de bronce handelte.

Wenn ich damals bei den Einladungen zur Krönungsfeier und zwar, wie ich annehmen muss, absichtlich übergangen wurde, so hat mich dies weder überrascht noch verletzt. Meine Politik war nicht auf flüchtige Tagesmeinungen, sondern auf die Natur meines Vaterlandes berechnet und ich zweifelte nicht einen Augenblick, dass die Zeit nicht fern sei, wo conservative Parlamentarier wieder eine sehr gesuchte Waare sein würden.

Als der Graf Schwerin nicht weiter wusste, wurde er durch den Oberpräsidenten von Flottwell abgelöst und habe ich stets den Eindruck gehabt, dass dieser in den guten Traditionen der alten preussischen Bureaukratie aufgewachsene, wenn auch — wie sich dies bei seiner Verwaltung der Provinz Posen herausstellte — etwas einseitige Mann das ganze parlamentarische Treiben mehr als eine Art Sport behandelte. Es machte sich dies besonders bemerkbar bei seiner Entgegennahme von Interpellationen und Resolutionen, wobei seine Haltung gewöhnlich von der Art war, als wollte er sagen: Nur her damit, mein Papierkorb ist gross genug.

Trotz ihrer fast verschwindenden Zahl nahm die conservative Fraction inmitten dieser allgemeinen Confusion eine so einflussreiche und insbesondere auch von Oben so gewürdigte Stellung ein, wie kaum jemals zuvor. Nicht allein dass wir in manchen Fragen, bei denen der Liberalismus in sich selbst uneins war, das Zünglein an der Wage spielten, es fand auch unser gesammtes Auftreten, einschliesslich der Reden, allgemeine Beachtung und zwar aus dem doppelten Grunde, weil wir im Herrenhause die entschiedenste Resonanz fanden und ausserdem als eine Art von Barometer für das Wetter in den oberen Regionen betrachtet wurden. Unzweifelhaft war die Conflictszeit diejenige Periode unseres Parlamentarismus, wo verhältnissmässig die besten und jedenfalls die heftigsten Reden gehalten wurden, und es gehörte etwas dazu, sich in diesem Wirrwarr Aufmerksamkeit zu verschaffen. Wir erinnern hier ausser den bereits genannten an die Herren Twesten, Lasker, von Forkenbeck und Freiherr von Hoverbeck, von denen der Letztere, wie man sagte, vollständig nach Rousseau's „Emil" erzogen, unzweifelhaft derjenige von „Junglithauen" war, der die meisten Anlagen zu einem Conventsdeputirten und zu einem Mitgliede des Wohlfahrtsausschusses hatte. Dieser preussische Baron, in dessen elterlichem Hause ich als junger Assessor gewesen bin und in dessen Familie die Oppositionslust gegen die Krone Preussen einigermassen erblich zu sein scheint, war für mich inmitten der vielen Schwächlichkeiten und Nebenzwecke, von denen man sich sonst umgeben sah, stets eine wohlthuende Erscheinung. Man wusste, woran man mit ihm war und konnte alle seine Handlungen mit fast mathematischer Sicherheit unter Zuhilfenahme des contrat social von Rousseau im Voraus berechnen.

Eine wesentlich andere Erscheinung war der frühere Oberbürgermeister von Brandenburg, Ziegler, von Hause aus eine aristokratische Natur, der nur durch einen politischen Rechenfehler unter die Demokraten gerathen war. Als Steuerverweigerer verurtheilt, lebte er eine längere Zeit in bedrängten

Verhältnissen und pflegte mit grosser Bitterkeit zu sagen, dass die Hilfe, welche ihm damals von seinen politischen Freunden zu Theil geworden sei, darin bestanden habe, dass man ihm sein Silberzeug billig habe abkaufen wollen. Da ich mit demselben früher in persönliche Zerwürfnisse gerathen war, so enthalte ich mich jeder sonstigen Kritik und glaube nur zu seiner Ehre constatiren zu sollen, dass er es mit seinem preussischen Patriotismus und seinen deutschen Einheitsbestrebungen jedenfalls ernstlich meinte und dies durch sein rühmliches Auftreten in Breslau im Jahre 1866 in Uebereinstimmung mit Waldeck und im Gegensatz zu vielen seiner Parteigenossen erhärtete.

Professor Rudolph Virchow, dessen politischer Elan seit der neuen Aera datirt, war mir schon seit dem Jahre 1848, wo er, soviel ich mich entsinne, Prosector an der hiesigen Anatomie war, als „guter Revolutionär" bekannt und verdanke ich insbesondere dem verstorbenen Medicinalrath Casper sehr eingehende Mittheilungen über seine damalige Thätigkeit. War derselbe auch nicht so bedeutend und massgebend, wie er vor Kurzem Seitens des Berliner Tageblattes in dem Roman „An meine lieben Berliner" unter dem Namen des Dr. Nehrens dargestellt wurde, so war er doch immerhin eifrig und thätig genug, um schon damals die Aufmerksamkeit auf sich zu ziehen. Wenn Herr Virchow auch etwas zu den Leuten zählt, bei denen, nach dem bekannten Ausspruch des Dr. Strousberg, die Coursdifferenz zwischen der eigenen und der fremden Schätzung nicht ganz unbedeutend ist, so bleibt er immerhin sowohl wissenschaftlich wie politisch eine in das Gewicht fallende Persönlichkeit, die ihre Wirksamkeit nur dadurch abschwächt, dass sie zu viel umspannen will. Heute darf derselbe als der klassische Repräsentant des Berliner Fortschrittlerthums bezeichnet werden, doch war er auch schon während der Conflictszeit einer der entschiedensten Oppositionsmänner gegen die Militär-Reorganisation, der seinen Widerwillen gegen Schusswaffen auch auf seine Privatverhältnisse übertrug.

Wenn ich während dieser Conflictszeit irgend etwas gelernt habe, so ist es die Erkenntniss von der völligen praktischen Wirkungslosigkeit selbst der schönsten parlamentarischen Reden. Unzweifelhaft gehören die Reden, welche damals sowohl pro wie contra gehalten wurden, zu den besten Erzeugnissen der deutschen parlamentarischen Beredtsamkeit und nähern sich — wenigstens glaube ich dies von den Hauptreden des Kriegsministers von Roon und des Herrn Gneist behaupten zu sollen — den besten englischen Mustern und doch — was haben sie gewirkt?!

Von den Parlamentshelden gilt bis auf einen gewissen Punkt dasselbe, was man von den Mimen zu sagen pflegt. Sie, sowie ihre Reden, sind Kinder des Augenblicks. Für die Nachwelt gilt nur die persönliche That. Aus diesem Grunde nehme ich auch davon Abstand, die parlamentarischen Verhandlungen aus der Conflictszeit eingehender zu referiren und zu kritisiren, werde mich vielmehr darauf beschränken, einzelne besonders charakteristische Situationen in das rechte Licht zu stellen. Es war damals für uns eine ordentliche Herzstärkung, die Reden des alten Generals Stavenhagen, des Fachmannes der Fortschrittspartei, bei Gelegenheit der Fahnenweihe der neuen Regimenter, mit dem Grusse des Götz von Berlichingen abthun zu hören.

Am 23. September 1862 wurde der Fürst Bismarck zunächst zum interimistischen und am 8. October desselben Jahres definitiv zum Ministerpräsidenten und Minister der auswärtigen Angelegenheiten ernannt. Geboren am 1. April 1815 (Alle grossen Männer, sagte sein Coëtan, Graf Fritz Eulenburg, sind im Jahre 1815 geboren) befand derselbe sich damals in seiner besten Manneskraft und er bedurfte auch dieser Kraft, um der Situation gewachsen zu bleiben. Ich habe damals die Ehre gehabt, gleich nach seinem Eintritt ihm wiederholt über die Situation Vortrag zu halten und als der Erste mit ihm zu Zweien zu diniren. Die Fluth der Geschäfte, die unmittelbar auf ihn einstürmte, war eine solche, dass sie wahrscheinlich jeden Anderen überwältigt hätte, doch besass er eben die seltene Gabe, stets fast instinctiv den Punkt zu finden, auf den es ankam, ebenso wie er sich von Anbeginn als Meister des Styls und des richtigen Ausdrucks bewährte. Wie hoch er über seinen Gegnern stand, lässt sich am besten darnach bemessen, dass diese auch nicht einmal eine Ahnung davon zu haben schienen, was der Fürst Bismarck in seinem Kopf und Herzen bewegte und erstrebte, und während man ihn dort noch als beschränkten märkischen Junker taxirte, hatte er sich in der Zwischenzeit zum ersten Staatsmann und Diplomaten seiner Zeit entwickelt. Die Illusionen über Oesterreich, mit denen er vielleicht noch nach Frankfurt gegangen war, hatte er während seiner Thätigkeit als Bundestags-Gesandter vollständig abgestreift und er war schon damals von der Ueberzeugung durchdrungen, dass die nächste und dringendste Aufgabe der preussischen Politik sei, die preussische Heeresmacht zu stärken und die deutsche Kraft von dem Druck und den Intriguen eines missverstandenen österreichischen Egoismus zu befreien. „Aus den acht Jahren meiner Frankfurter Amtsführung" — so schrieb Herr von Bismarck am 12. Mai 1859 — „habe ich als Ergebniss meiner Erfahrungen die Ueberzeugung mitgenommen, dass die dermaligen Bundeseinrichtungen für Preussen eine drückende, in kritischen Zeiten eine lebensgefährliche Fessel bilden, ohne uns dafür dieselben Aequivalente zu gewähren, welche Oesterreich bei einem ungleich grösseren Masse eigener freier Bewegung aus ihnen zieht. Beide Grossmächte werden von den Fürsten und Regierungen der kleineren Staaten nicht mit gleichem Masse gemessen; die Auslegung des Zweckes und der Gesetze des Bundes modificirt sich nach den Bedürfnissen der österreichischen Politik. Stets haben wir uns derselben compacten Majorität, demselben Anspruch auf Preussens Nachgiebigkeit gegenüber befunden. In der orientalischen Frage bewies sich die Schwerkraft Oesterreichs der unserigen so überlegen, dass selbst die Uebereinstimmung der Wünsche und Neigungen der Bundesregierungen mit den Bestrebungen Preussens ihr nur einen weichenden Damm gegenüberzusetzen vermochte." „Ich glaube, wir sollten den Handschuh bereitwillig aufnehmen und kein Unglück, sondern einen Fortschritt zur Krisis der Besserung darin sehen, wenn eine Majorität in Frankfurt einen Beschluss fasst, in welchem wir eine Ueberschreitung der Competenz, eine willkürliche Aenderung des Bundeszweckes, einen Bruch der Bundesverträge finden. Je unzweideutiger die Verletzung zu Tage tritt, desto besser!" „Ich sehe in unserem Bundesverhältniss ein Gebrechen Preussens, welches wir früher oder später ferro et igni werden heilen müssen, wenn wir nicht bei Zeiten in günstiger Jahreszeit eine Cur dagegen vornehmen. Wenn heute lediglich der Bund aufgehoben würde, ohne dass man etwas

Anderes an seine Stelle setzte, so glaube ich, dass schon auf Grund dieser negativen Errungenschaft sich bald bessere und natürlichere Beziehungen Preussens zu seinen deutschen Nachbarn ausbilden würden, als die bisherigen." Es ist dies im Kern bereits das spätere Programm von „Blut und Eisen".

In dem preussischen Abgeordnetenhause jener Zeit wusste man indess nichts Besseres zu thun, als einen sogenannten Verfassungs-Conflict in Scene zu setzen, und es war den Führern der Demokratie in der That gelungen, allmälig den Schein zu verbreiten, als ob sie die Masse der Bevölkerung hinter sich hätten und als ob die Stellung der Krone Preussen ernsthaft gefährdet sei. In Folge dessen hatte in den oberen Regionen eine gewisse trübe und ängstliche Stimmung Platz gegriffen, doch hatte diese für den Fürsten Bismarck so wenig Ansteckendes, dass er ganz unbefangen darüber zu scherzen vermochte und die Hinweise auf Frankreich und England mit den Worten erledigte: „Fünf Minuten, nachdem man todt ist, ist es ganz gleich, auf welche Weise man gestorben ist. Man kann niemals ehrenvoller sterben, als in der Erfüllung seines Berufs."

Jene verfassungsmässige Strohdrescherei wurde von den damals gefeierten Helden des parlamentarischen Redeturniers mit einem Eifer und einer Hingebung betrieben, welche für den ernsthaften Politiker etwas Rührendkomisches hatten. Zugleich bekam man dabei die Gewissheit in die Hand, dass der politische Horizont, innerhalb dessen man sich auf jener Seite bewegte, die bekannte parlamentarische Tretmühle war und dass dieselben Leute, welche bis dahin als Klageweiber von Olmütz das Land durchzogen hatten, den Dienst versagten, als es sich endlich ernsthaft darum handelte, die Scharte von Olmütz auszuwetzen. Es ist deshalb auch durchaus richtig, wenn man behauptet, dass der Fürst Bismarck die parlamentarischen Kämpfe immer nur als hors d' oeuvres behandelte und dass es ihm eigentlich ganz bequem war, seine auswärtige Politik hinter dieser Coulisse betreiben zu können. Für einen Mann von der Einsicht, der Energie und dem Charakter des Fürsten Bismarck waren die parlamentarischen Nadelstiche wohl von Zeit zu Zeit unbequem, doch glaube ich wahrgenommen zu haben, dass es ihm vielleicht nicht gelungen wäre, Oesterreich zu der Cooperation in Schleswig-

Holstein zu bestimmen, wenn man dort nicht auf die vermeintliche innere Schwäche und Zerrissenheit Preussens speculirt und um deswillen Preussen als einen durchaus ungefährlichen Bundesgenossen betrachtet hätte.

Dagegen war der Fürst Bismarck von der Vortrefflichkeit der reorganisirten preussischen Armee so fest überzeugt, dass er es ausdrücklich aussprach, er würde seine jetzige Politik nicht treiben, wenn er es überhaupt für möglich hielte, dass die preussische Armee besiegt werden könne. „Man kann uns auf diesem Gebiete vielleicht Alles nachmachen", pflegte er zu sagen, „aber nicht den preussischen Seconde-Lieutenant." Wie sehr richtig dies war, dafür habe ich später zwei sehr zuverlässige Beläge erhalten. Den ersten, als nach Beendigung des Feldzuges in Schleswig-Holstein die österreichischen Truppen über Berlin heimkehrten. Bei einer Festlichkeit, welche zu ihrer Begrüssung veranstaltet war, hatte ich Gelegenheit, mit einem österreichischen Obersten über den Verlauf jener Kämpfe mich zu unterhalten und sprach dabei meine Verwunderung darüber aus, dass die Oesterreicher relativ so viel mehr Leute verloren hätten, als wir. „Das liegt an unseren Subaltern-Officieren", sagte der Oberst, „diese können nicht so wie die Ihrigen auf eigene Hand operiren und müssen wir deshalb unsere Angriffe stets mit der Masse machen." Den zweiten Beweis erhielt ich in Versailles. Ich wohnte dort in dem Hause einer Familie, welche nach dem Zimmerschmuck der Gemälde unverkennbar schon seit den Zeiten des ersten Napoleon zu den hervorragenden bonapartistischen Soldaten-Familien zählte und bereits der alten Garde Obersten und Generale geliefert hatte. Die Häupter dieser Familie waren ebenfalls nach Paris geflüchtet und kehrten nach der Capitulation zurück, um ihr Heimwesen zu controliren. Da sie Alles unversehrt und in bester Ordnung vorfanden, so machten sie mir sehr erfreut ihren Besuch, um mir ihren Dank auszusprechen. Bei dieser Gelegenheit kamen wir auch in ein politisches Gespräch und sagte der Hausherr wörtlich: „Meine politischen Freunde sind der Ansicht, dass Frankreich dem Schicksale Polens entgegengeht, wenn es uns nicht gelingt, Ihnen drei Dinge nachzumachen." Auf meine Frage, welches diese drei Dinge seien, erhielt ich die Antwort: „1) die allgemeine

Schulpflicht, 2) die allgemeine Militärpflicht und 3) Ihr Officiercorps." Ich konnte mich nicht enthalten, ihm darauf zu erwidern: Die beiden ersten Punkte würden in Frankreich nach dem eigenthümlichen Charakter seiner Bewohner sehr schwer durchzuführen sein; das Dritte aber sei unmöglich, denn unser Officiercorps sei die Frucht einer zweihundertjährigen Arbeit unserer Könige.

Uebrigens ist der schleswig-holsteinsche Feldzug auch noch in anderer Beziehung bemerkenswerth, indem derselbe den besten Massstab dafür liefert, was man sich eigentlich auf jener Seite unter deutscher Einheit dachte und dass es den demokratischen Herren nicht darauf ankam, den Particularismus zu brechen, sondern viel wesentlicher darauf, die deutschen Fürsten und an erster Stelle den König von Preussen unter die Vormundschaft seiner getreuen Volksvertreter zu stellen. „Solches mit sowas", pflegte Herr Helmerding zu sagen, das heisst hier: ein Bischen Einheit mit etwas Particularismus. Ich glaube nicht viel zu behaupten, wenn ich sage, dass es heute überaus schwierig ist, sich in die Gemüthsstimmung und den angeblichen Patriotismus derjenigen Männer zu versetzen, welche ihre Vaterlandsliebe damit zu bewähren meinten, Preussen mit dem Schlachtruf „Diesem Ministerium keinen Pfennig" wehrlos zu machen und den Affront von Olmütz in's Ungemessene zu steigern. Man wollte auf jener Seite die deutsche Einheit nur in der Form des echten Constitutionalismus, das heisst „der besten der Republiken", und bei diesem Bestreben musste allerdings ein mächtiges Preussen und eine starke Centralgewalt als ein entschiedener Rechenfehler angesehen werden. Trotz aller früheren Declamationen gegen die deutsche Zerrissenheit und Kleinstaaterei kehrte man deshalb auch plötzlich das lange verborgen gehaltene Legitimitätsgefühl hervor und fing an, sich hinter den vermeintlichen Erbansprüchen des Augustenburgers zu verschanzen, ein Schachzug, der von uns niemals ernst genommen worden ist.

Es mag mir hier gestattet sein, noch einige Worte über den französisch-österreichischen Krieg in Italien einzuschalten, da in Betreff dieser Frage innerhalb der damaligen conservativen Partei selbst wesentliche Differenzen obwalteten. Zwar war man einig in der Verurtheilung der Art und Weise, in welcher der re galantuomo durch Verrath und revolutionäre Intriguen seine italienischen Mitfürsten von ihren Thronen vertrieb und einen Einheitsstaat mit einem höchst bedenklichen Mörtel zusammenschweisste, doch gingen die Meinungen darin auseinander, welche Stellung Preussen zu diesen Bewegungen und dem sich daran anschliessenden französisch-österreichischen Kriege einzunehmen habe. Ich gehörte damals zu Denen, welche einem activen Eintreten für Oesterreich widerstrebten und habe auch davon abgerathen, als man hier in gewissen aristokratischen Kreisen den Beschluss fasste, dem vertriebenen König von Neapel einen silbernen Ehrenschild zu dediciren. Mir erschien dies, auch abgesehen von der Persönlichkeit des Königs, als eine durch Nichts indicirte und wirkungslose Demonstration gegen die preussische Politik. Anlangend aber Oesterreich, so war das beiderseitige Verhältniss damals leider von der Art, dass dasselbe durch grosse Dienstleistungen Seitens Preussens nur verschlimmert werden konnte und dass wir auch unsererseits keinen anderen Dank zu erwarten hatten, als eine Wiederholung „des handgreiflichen Beweises, wie undankbar Oesterreich sein könne". Was heute unsere Pflicht ist, wäre damals sehr übel angebracht gewesen.

Es ist nothwendig, sich hieran zu erinnern, wenn man die weitere Entfaltung der preussisch-deutschen Politik verstehen will. Ganz präcise sind die leitenden Gesichtspunkte bereits in einer vom 24. Januar 1863 datirten Circulardepesche klargelegt. „Ich hatte", schreibt Herr von Bismarck, „zur Herbeiführung besseren Einverständnisses beider Höfe die Initiative in der Form von Unterredungen mit dem Grafen Karolyi ergriffen, in welchen ich dem kaiserlichen Gesandten Nachstehendes zu erwägen gab. Nach meiner Ueberzeugung müssen unsere Beziehungen zu Oesterreich entweder besser oder schlechter werden. Es sei der aufrichtige Wunsch der königlichen Regierung, dass die erstere Alternative eintrete; wenn wir aber das hierzu nöthige Entgegenkommen des kaiserlichen Cabinets nachhaltig vermissten, so sei es für uns nothwendig, die andere in's Auge zu fassen und uns auf dieselbe vorzubereiten. Ich habe den Grafen Karolyi daran erinnert, dass in den Jahrzehnten, die den Ereignissen von 1848 vorangingen, ein stillschweigendes Abkommen zwischen den beiden Grossmächten obwaltete, kraft dessen Oesterreich der Unterstützung Preussens in europäischen Fragen sicher war, und uns dagegen in Deutschland einen, durch Oesterreichs Opposition unverkümmerten, Einfluss überliess, wie er sich in der Bildung des Zollvereins manifestirte. Unter diesen Verhältnissen erfreute sich der deutsche Bund eines Grades von Einigkeit im Innern und von Ansehen nach Aussen, wie es seitdem nicht wieder erreicht worden ist. Ich habe unerörtert gelassen, durch wessen Schuld analoge Beziehungen nach der Reconstituirung des Bundestages nicht wieder zu Stande gekommen sind, weil es mir nicht auf Recriminationen für die Vergangenheit, sondern auf eine praktische Gestaltung der Gegenwart ankam. In letzterer finden wir gerade in den Staaten, in welchen Preussen, der geographischen Lage nach, auf Pflege freundschaftlicher Beziehungen besonderen Werth legen muss, einen zur Opposition gegen uns aufstachelnden Einfluss des kaiserlichen Cabinets mit Erfolg geltend gemacht. Ich gab dem Grafen Karolyi zu erwägen, dass Oesterreich auf diese Weise zum Nachtheile für die Gesammtverhältnisse im Bunde die Sympathien der Regierungen jener Staaten vielleicht gewinne, sich aber diejenigen Preussens entfremde. Der kaiserliche Gesandte tröstete sich hierüber mit der Gewissheit, dass in einem für Oesterreich gefährlichen Kriege beide Grossstaaten sich dennoch unter allen Umständen als Bundesgenossen wiederfinden würden. In dieser Voraussetzung liegt meines Erachtens ein gefährlicher Irrthum, über welchen vielleicht erst im entscheidenden Augenblick eine für beide Cabinete verhängnissvolle Klarheit gewonnen werden würde, und ich habe deshalb den Grafen Karolyi dringend gebeten, demselben nach Kräften in Wien entgegenzutreten. Ich habe hervorgehoben, dass schon im letzten italienischen Kriege das Bündniss für Oesterreich nicht in dem Masse wirksam gewesen sei, wie es hätte der Fall sein können, wenn beide Mächte sich nicht in den vorhergehenden acht Jahren auf dem Gebiete der deutschen Politik in einer schliesslich nur für Dritte Vortheil bringenden Weise bekämpft und das gegenseitige Vertrauen untergraben hätten. Dennoch seien damals in dem Umstande, dass Preussen die Verlegenheiten Oesterreichs im Jahre 1859 nicht zum eigenen Vortheile ausgebeutet, vielmehr zum Beistande Oesterreichs gerüstet habe, die Nachwirkungen der früheren intimeren Verhältnisse unverkennbar gewesen. Sollten aber letztere sich nicht neu anknüpfen und beleben lassen, so würde unter ähnlichen Verhältnissen ein Bündniss Preussens mit einem Gegner Oesterreichs eben so wenig ausgeschlossen sein, als, im entgegengesetzten Falle, eine treue und feste Verbindung beider deutschen Grossmächte gegen gemeinschaftliche Feinde. Ich wenigstens würde mich, wie ich dem Grafen Karolyi nicht verhehlte, unter ähnlichen Umständen niemals dazu entschliessen können, meinem allergnädigsten Herrn zur Neutralität zu rathen. Oesterreich habe die Wahl, seine gegenwärtige antipreussische Politik mit dem Stützpunkte einer mittelstaatlichen Coalition fortzusetzen, oder eine ehrliche Verbindung mit Preussen zu suchen. Zu letzterer zu gelangen, sei mein aufrichtigster Wunsch." Der Einwendung des Grafen Karolyi, dass es für das österreichische Kaiserhaus nicht thunlich sei, seinen traditionellen Einflüssen auf die deutschen Regierungen zu entsagen, begegnete Herr von Bismarck mit der Erwiderung, dass diese vermeintliche Tradition erst seit dem Fürsten Schwarzenberg datire.

Da die ferneren Details der betreffenden Verhandlung mir nicht aus eigener Wahrnehmung bekannt geworden sind und ich eine allgemeine Geschichte nicht schreiben will, so beschränke ich mich darauf, zu constatiren, dass Oesterreich in seinen preussenfeindlichen Allüren beharrte und es verstand, selbst ein scheinbares Entgegenkommen in eine Falle zu verwandeln, um — wie der Fürst Schwarzenberg die Parole ausgegeben hatte — Preussen zunächst zu erniedrigen, um es dann zu nullificiren. Natürlich war der Fürst Bismarck nicht der Mann, um ein derartiges Spiel mit sich treiben zu lassen, und es war ein meisterlicher Schachzug seiner Politik, sich gegenüber Oesterreich mit Russland über die Massregeln zur gemeinsamen Bekämpfung der in Polen ausgebrochenen Revolution zu verständigen und dadurch die Haltung Preussens in positiver Weise zu vervollständigen. Je meisterhafter aber diese Massregel war, um so weniger wurde sie verstanden und um so heftiger bekämpft von Denen, welche seit Jahren die Präponderanz Preussens im deutschen Bunde und die Emancipation von dem österreichischen Einflusse

im Munde geführt hatten, ja man scheute sich in seiner
Kurzsichtigkeit und Verblendung nicht, zu behaupten, dass der
preussische Ministerpräsident sich dadurch zu einem Diener des
Czaren herabgewürdigt und Preussen in die demüthige Stellung
eines Vorpostens Russlands gebracht habe. Ich kann hier nur
wiederholen, was ich bereits bei einer anderen Gelegenheit ausgesprochen, dass nämlich Russland für den preussischen Staatsmann die Figur war, welche er auf das politische Schachbrett
setzte, um dem Wiener Cabinet zu beweisen, wie sehr er die
Combinationen des europäischen Grossmachtspieles beherrsche.
In der europäischen Diplomatie wirkte deshalb auch dieser
Schachzug geradezu verblüffend. Man empfand denselben als
das erste unleugbare Symptom, dass Preussen, nicht zufrieden
damit, sich in seinen Bewegungen emancipirt zu haben. auch
die Initiative an sich zu reissen im Begriff stehe. Das französische
Cabinet gerieth in Aufregung, das britische Ministerium fragte
sich, welch' ein neuer Wille auf dem Continent geboren sei und
der gesammten fremden Diplomatie in Berlin bemächtigte sich
eine wunderbare Geschäftigkeit. Man wollte hinter die Pläne
und Geheimnisse des Herrn von Bismarck kommen und man
stürmte das Auswärtige Amt, um zu erfahren, was der preussische
Minister mit Russland verabredet habe. Frankreich setzte sich
in die Positur eines Völkerrechtslehrers, der befugt sei, „die
Stellung des preussischen Cabinets zu discutiren" (17. Februar
1863) und der besonders in Sachen der Polen ein Mandat besitze,
Preussen die Haltung, die es beobachten müsse, vorzuzeichnen.
England nannte die Verabredungen Preussens mit Russland
einen „Act der Intervention, der sich nicht durch Gründe der
Nothwendigkeit rechtfertigen lasse", denn damals glaubten sich
die Mächte noch berechtigt, dem preussischen Staate Lectionen
geben zu dürfen. Ihre Bemühungen prallten an der Selbst-
gewissheit des Herrn von Bismarck ab, welcher die Frucht seiner
diplomatischen Aussaat erntete, als Oesterreich sich verleiten
liess, denselben Fehler, den es bereits zehn Jahre früher begangen hatte, zu wiederholen und sich den Westmächten in
ihrem Sturmlauf wider Russland anzuschliessen. Oesterreich
selbst war thöricht genug, das ihm von russischer Seite nahe
gelegte Auskunftsmittel einer Verständigung mit Russland und

Preussen nicht nur von der Hand zu weisen, sondern auch
öffentlich gegen jeden Gedanken an ein solches Zusammengehen
laut und heftig zu protestiren und sein Heil in den Phrasen zu
suchen, die man damals in London und Paris zu einer Protest-
note gegen Russland verarbeitete, ein Depeschenfeldzug, der
natürlich ohne jede Wirkung blieb.

Nach dieser Enttäuschung glaubte Oesterreich seinen
Operationsplan auch innerhalb des deutschen Bundes changiren
zu müssen, doch geschah dies abermals in solcher Weise, dass
die Absicht, die Hegemonie in Deutschland zu gewinnen, handgreiflich zu Tage trat. „Beseelt von dem Wunsche, zur Wohl-
fahrt Deutschlands beizutragen und sich der Ueberzeugung
nicht verschliessend, dass die Verfassung des deutschen Bundes
nicht mehr in genügendem Masse dem Zwecke entspreche, ein
festes Band der Einigung für die Fürsten und Völker Deutschlands zu bilden", lud der Kaiser Franz Joseph durch Rundschreiben
vom 31. Juli 1863 die Fürsten und Senate der freien Städte
Deutschlands zu einem „Meinungsaustausche" über die Neu-
befestigung und Ausbildung der deutschen Bundesverfassung ein.
„Auf Kräftigung des Bundesprincips gerichtet, werde der Zweck
der Zusammenkunft schon in der Wahl des Ortes einen passenden
Ausdruck finden, wenn diese Wahl auf die Bundesstadt Frankfurt
fiele." Franz Joseph bat daher die Fürsten, „ihm in der genannten Stadt, wohin er sich am 16. August zu begeben die
Absicht habe, zu dem bezeichneten heilsamen und der Mitwirkung
der Fürsten so würdigen Werke als Bundesgenossen und als
Freunde der deutschen Sache die Hand zu reichen." Diese
Einladung erhielt König Wilhelm in Gastein, wohin sich der
Kaiser Franz Joseph selber begab, um dem Könige eine Denkschrift über die Bundesreform zu überreichen. War schon die
tendenziöse Fassung dieser Denkschrift mit ihrer gegen die
preussischen Unionsideen gerichteten Behauptung, dass „Oesterreichs Reorganisations-Vorschläge nur auf dem mit voller Klarheit
und Entschiedenheit festgehaltenen Föderativprincip beruhen
können", nicht geeignet, die gute Meinung Preussens zu erwecken,
so musste die vom Wiener Cabinet offen eingestandene Thatsache,
dass die österreichischen Vorschläge in der Hauptsache eine
Wiedererweckung des von Preussen bereits am Bundestage

bekämpften Delegirten-Projectes seien, jedes Eingehen Preussens auf die Berathungen verbieten. König Wilhelm lehnte es ab, auf dem Frankfurter Fürstentage zu erscheinen. Preussen führte das Gegenstück zu der Behauptung auf, dass Oesterreich aus Deutschland ausgeschlossen werden müsse: es excludirte sich selber für einen Augenblick aus dem in Frankfurt zusammenströmenden Deutschland. Aber welchen Triumph errang es durch dieses momentane Zurücktreten! Während Oesterreich, die deutschen Dinge sich selber überlassend, eine kaum merkbare Lücke geschaffen hätte, zeigte sich durch die Abwesenheit Preussens sofort, dass Deutschland ohne diesen Staat eine Ruine, ein Raub der Formlosigkeit sei. Die österreichische Reform scheiterte. Nachdem die in Frankfurt erschienenen Fürsten die Grundzüge derselben genehmigt hatten, ist nie wieder von ihr die Rede gewesen. Mit dem Misslingen dieser modernen Kaisermacherei war für alle Eingeweihten das friedliche Programm erschöpft und der Sinn des Krieges von 1864 war unter Anderem auch der, die Machtbewegung zwischen Oesterreich und Preussen zu inauguriren und uns einen ziemlich gründlichen Einblick in die österreichische Kriegskunst zu gewähren. Ich glaube damals der Regierung auch innerhalb der conservativen Partei wesentliche Dienste geleistet zu haben, indem man hier vielfach geneigt war, auf den von der Demokratie hingehaltenen Legitimitätsköder des Augustenburgerthums anzubeissen und es nicht ohne Mühe gelang, die Parteigenossen in der von dem Cabinet eingeschlagenen Bahn festzuhalten.

Man weiss, dass der Fürst Bismarck insofern eine neue diplomatische Schule begründete, als er es verschmähte, mit dem bis dahin üblichen Handwerkszeug der Commiss-Diplomaten zu arbeiten und seine Gegner und Bundesgenossen durch kleinliche Unwahrheiten zu düpiren. Die Offenheit, mit welcher er verfuhr und seine Pläne wenigstens in grossen Zügen vorher proclamirte, war für die europäische Diplomatie etwas so Befremdliches und Ueberraschendes, dass man nicht wusste, was man daraus machen sollte, und dass beispielsweise der Kaiser Napoleon sich zu dem Ausspruch verleiten liess, „dass Bismarck ein Mann sei, der nicht ernsthaft zu nehmen wäre", ein Irrthum, von welchem er jedenfalls bei Sedan gründlich geheilt worden ist. Dasselbe Schicksal hatte er auch in seinem Vaterlande und innerhalb der preussischen Volksvertretung, wo seine Erklärung, die deutsche Einheit nicht auf den Flügeln des Gesanges und auch nicht mit angeheiterten Schützen und Turnern, sondern ernsthaft „mit Blut und Eisen" herstellen zu wollen, einem höhnischen Achselzucken begegnete und wo selbst ein Mann wie der Frankfurter Kaisermacher Simson sich dazu hinreissen liess, die Politik des Fürsten Bismarck als ein Seiltänzerkunststück zu kennzeichnen. Wer wie ich die sogenannte Conflictszeit und zwar in der ausgesprochensten Minorität mit durchgemacht und den gesammten Redeschwall der, sich eine Zeitlang schon souverän fühlenden, Majorität mitgenossen hat, der kann nicht umhin. sich die damaligen Wortführer immer wieder anzusehen mit der Frage des Königs Philipp: Wie spiegelt sich in diesen Köpfen die Welt, und wie hat man es fertig gebracht, die demnächstige Achsschwenkung mit einer solchen Eleganz zu vollziehen. dass man sich selbst getäuscht und heute noch alles Ernstes glaubt, dass sie es gewesen sind, welche die deutsche Einheit zu Stande brachten.

Eine ernstliche Ausnahme davon macht nur die Demokratie, die mit mehr Consequenz als Einsicht daran festhielt, „zuerst die Freiheit und dann die Einheit" zu wollen und welche daher eine entschiedene Gegnerin der Bismarck'schen Politik, auch der inzwischen klar erkannten, gewesen und geblieben ist. Ich habe damals die Politik jener Herren sehr sorgfältig beobachtet und studirt und gelangte zu der Ueberzeugung, dass das vermeintliche Budgetrecht ihnen höher stand als Sieg oder Niederlage Preussens und dass sie selbst einen Augustenburger und Coburger als deutschen Kaiser acceptirt hätten, wenn man ihnen von dort eine echt demokratische Reichsverfassung ohne Veto und mit unbedingtem Steuerverweigerungsrecht offerirt hätte. Die republikanische Strömung, welche im Jahre 1848 in Fluss gekommen und von der Linken der Frankfurter Versammlung sehr sorgfältig gepflegt war, hatte sich in jenen Kreisen fliessend erhalten und man glaubte damals den günstigen Zeitpunkt getroffen zu haben, um die demokratische Verfassungs-Häresie durch gehäufte Reden zur Geltung bringen und durch eine missbräuchliche Auslegung der Verfassungs-Urkunde das preussische

Königthum sich unterthänig machen zu können. Es wäre dies Alles unmöglich gewesen, wenn man nicht — wie schon angedeutet — von Hause aus den Fehler begangen hätte, die Armee-Reorganisation mit liberalen constitutionellen Allüren in's Werk setzen zu wollen und wenn nicht — wie dies Leo in dem mitgetheilten Briefe eben so drastisch wie überzeugend darlegt — die Masse der Bevölkerung noch immer in der Täuschung befangen gewesen wäre, durch freisinnige Wahlen den Intentionen der Krone zu entsprechen, eine Täuschung, welche natürlich durch die dem jedesmaligen Ministerium dienende Bureaukratie sehr sorgfältig aufrecht erhalten wurde.

Hätten wir lediglich tendenziöse Parteipolitik treiben wollen, so wäre es uns beim Beginn der neuen Aera ein Leichtes gewesen, das Ministerium Auerswald zu Fall zu bringen. Es war dies gelegentlich der Abstimmung über den ersten Compromiss in der Militär-Reorganisationsfrage; diese Abstimmung war eine namentliche und das Stimmverhältniss von der Art, dass die kleine conservative Fraction den Ausschlag gab. Herr von Auerswald, der Beides, die Organisation und sein Portefeuille, festhalten wollte, stand, mit Angstschweiss auf dem Gesichte, neben dem Herrn von Blanckenburg und mir und fragte ängstlich: „Wie werdet Ihr denn stimmen?" Unsere Antwort war: „Das werden Sie ja sehen", und als der Erste von uns mit Ja stimmte, seufzte er tief auf und verliess uns mit freundlichem Gruss. Um dies zu verstehen, muss daran erinnert werden, dass ein grosser Theil unserer Fraction von Hause aus nur wenig geneigt war, dem Compromiss als einer Halbheit zuzustimmen und dass nur die von uns vertretene Erwägung, dass ein ablehnendes Votum nach oben missverstanden werden würde, den Ausschlag für die Bejahung gab.

Selbstverständlich hatte im Verlaufe der Entwickelung der Personalbestand des Ministeriums mannigfach gewechselt. Nachdem Herr von Jagow-Kreuznach in dem Ministerium des Innern eine Gastrolle gegeben hatte, die sich kaum eines succès d'estime erfreute und bei der er namentlich daran scheiterte, dass er dort, wie auch später in dem Oberpräsidium zu Potsdam Alles allein machen wollte und seine vortragenden Räthe gewöhnlich schon nach den ersten fünf Sätzen unterbrach und ablöste,

wurde der „elegante" Graf Eulenburg der Aeltere als sein
Nachfolger berufen. Dieser neue Minister hatte leider nicht
den Fehler seines Vorgängers, und wenn er auch eine so hervorragende Befähigung besass, um in kurzer Zeit viel zu leisten,
so wäre es doch sehr wünschenswerth gewesen, dass er seinen
Vergnügungen mehr Zeit entzogen hätte, um sie dem Dienste
zu widmen. Ebenso wurde Herr von Mühler, der als langjähriger
vortragender Rath im Cultusministerium und im Oberkirchenrath
die betreffenden Geschäfte genau kannte und als einer der
fleissigsten und gründlichsten Arbeiter galt, mit der Leitung
des Cultusministeriums betraut. Durch diese Ernennung wurde
ihm indess sein innerer Schwerpunkt etwas verrückt, so dass er
als Minister einen ziemlich hochfahrenden Eindruck machte,
obschon er nach anderer Seite vielfachen Einflüssen unterlag,
die ihm seine Aufgabe erschwerten und seine Stellung in etwas
compromittirten. Sonst war jedenfalls in den ersten Jahren
seines Ministerthums seine Thätigkeit eine sehr heilsame und
anerkennenswerthe, was um so mehr hervorzuheben ist, als ein
conservativer und orthodoxer Cultusminister der natürliche Zielpunkt aller liberalen Nüancen ist und er deshalb auch in dem
preussischen Abgeordnetenhause beharrlich in einer Weise angegriffen wurde, dass ein weniger sattelfester Minister dem
combinirten Angriffe schwerlich gewachsen gewesen wäre.
Gleichzeitig mit dem Grafen Eulenburg übernahm Herr von
Selchow das Ministerium der Landwirthschaft und zwar, wie
man damals versicherte, weil Beide Freimaurer waren und der
Eine den gleichzeitigen Eintritt des Anderen zur Bedingung
gemacht habe. Herr von Selchow war mir schon von früher
her bekannt, als derselbe noch Landrath in Lauenburg in
Pommern war, indem derselbe dort als ein zu höheren Dingen
berufener Landrath Seitens des späteren Oberpräsidenten Freiherrn Senfft von Pilsach bei den in Pommern projectirten
Bewässerungsanlagen mitbeschäftigt wurde. Er war ein wasch-
echter Conservativer der älteren Schule und ein tüchtiger,
zuverlässiger altpreussischer Beamter, der bescheiden genug war,
die Grenzen seiner Leistungsfähigkeit zu erkennen und sich eine
höhere staatsmännische Befähigung nicht zuzusprechen. In dem
Handelsministerium wurde Herr von der Heydt durch den Grafen

Itzenplitz abgelöst, und habe ich mich damals vergeblich bemüht,
das eigentlich tiefere Motiv dieses Changements zu ergründen.
Höhere sachliche Qualification auf Seiten des Grafen Itzenplitz
konnte es nicht sein, und meine Vermuthung ist deshalb stets
dahin gegangen, dass auf der einen Seite die stärkere conservative Färbung des Letzteren und auf der anderen die Besorgniss des Herrn v. d. Heydt, demnächst mit seinem eigenen nicht
unbedeutenden Vermögen für das budgetlose Regiment verantwortlich gemacht zu werden, das Ausschlaggebende gewesen ist.
Eine Charakteristik des Grafen Itzenplitz zu geben, ist nicht
ganz leicht, doch muss man es ihm stets zum Ruhme anrechnen,
dass er, von dem Beginn unseres parlamentarischen Lebens —
angefangen mit dem bekannten Antrage Denzin-Itzenplitz —
beharrlich nach rechts gegangen und kein Bedenken getragen
hat, während der Conflictszeit seinen Kopf mit in die Schlinge zu
stecken. Dass man ihn später gegen den Abgeordneten Lasker
fallen liess, bedauere ich nicht blos um desswillen, weil ich sein
Leidensgefährte war, und behalte ich mir vor, dies demnächst
noch eingehender darzulegen. Seine grösste Freude in seinem
Ministerium war — stets current zu sein. Sonst liess seine
Geschäftsführung allerdings Manches zu wünschen übrig, doch
hatte der Liberalismus am wenigsten Ursache und Recht, ihm
deshalb Vorwürfe zu machen. — In das Justizministerium
wurde der Graf zur Lippe berufen, mit dem ich bereits als
Assessor bei dem Oberlandesgericht in Magdeburg zusammen
gearbeitet und ihn dort als einen zwar etwas peniblen, aber
sehr gründlichen und gewissenhaften Richter kennen gelernt
habe. Später war derselbe Staatsanwalt in Potsdam und machte
dort dadurch von sich reden, dass er, wie man erzählte, den
alten Oberpräsidenten Flottwell, der aus Versehen ein brennendes
Schwefelholz in seinen Papierkorb geworfen und dadurch ein
kleines Feuer verursacht hatte, allen Ernstes wegen fahrlässiger
Brandstiftung unter Anklage stellen wollte. Was ihn damals
für jenen hohen Posten besonders empfahl, war die bekannte
Zähigkeit seines Charakters, welche sich auch bis an das Ende,
sowohl positiv als negativ bewährte. Während seiner Amtsführung waren es nicht seine legislatorischen Leistungen, was
ihn auszeichnete, sondern dass er ernstlich Hand anlegte, Zucht

und Disciplin im Richterstande wieder herzustellen, wobei er ohne Ansehen der Person und ohne Rücksicht auf parlamentarische Einflüsse und Majoritäten vorging, so dass bekanntlich auch der zeitige Justizminister Dr. Friedberg, der damals meines Wissens Oberstaatsanwalt in Greifswald war, zu den von ihm zur Disposition Gestellten gehörte. Im Schoosse des Abgeordnetenhauses wurde es ihm besonders übel genommen, dass er die damals sich ziemlich souverän dünkenden Kreisrichter immer „meine Kreisrichter" nannte und dieser Auffassung auch sonst den erforderlichen Nachdruck zu geben wusste.

Das Finanzministerium befand sich in den Händen des Herrn von Bodelschwingh des Jüngeren, vor dessen Aufnahme in das Ministerium der Fürst Bismarck von seinen nächsten Freunden gewarnt wurde, eine Warnung, die sich leider demnächst bestätigte, da Herr von Bodelschwingh in dem entscheidenden Moment, als es sich um den Ausbruch des Krieges gegen Oesterreich handelte, die Flinte in das Korn warf und sich ausser Stande erklärte, die für den Krieg erforderlichen Geldmittel zu beschaffen. Bekanntlich standen sich damals die Kriegs- und die Friedenspartei so schroff als möglich gegenüber, so dass sich nicht allein ein „Krieg der Damen" hier abspielte, sondern dass auch der Fürst Bismarck in gewissen Kreisen nahezu isolirt dastand. Man vermuthete deshalb auch, dass der Herr von Bodelschwingh, welcher der Friedenspartei angehörte, sich der Hoffnung hingegeben habe, durch seine Weigerung den Ausbruch des Krieges verhindern zu können, eine Hoffnung, die sich um so weniger erfüllte, als Herr v. d. Heydt — was nicht rühmend genug anerkannt werden kann — sich bereit finden liess, in die Bresche zu treten und dem Fürsten Bismarck in Bezug auf den Finanzpunkt freie Hand zu schaffen. Von dieser Zeit datirt der Name des Herrn v. d. Heydt als „Goldonkel".

Dass der Fürst Bismarck damals der inneren Politik und der Verwaltung der einzelnen Ressorts nur eine geringere Aufmerksamkeit schenkte, ist leicht verständlich. Seine Absicht ging eben dahin, den Souveränitätsschwindel des Parlaments durch seine auswärtige Politik und deren Erfolge aus dem Sattel zu heben, und seine Arbeitslast auf diesem Gebiete war gross genug, um ihm für andere Geschäfte nur wenig Musse zu lassen.

Ich habe damals stets die mit überlegener Einsicht und Kühnheit gepaarte Sicherheit bewundert, mit welcher er jeden Schritt vorwärts that, und erhielt auf meine ausgesprochene Bewunderung von ihm die Antwort: „Ich treibe jetzt auswärtige Politik, wie ich früher auf die Schnepfenjagd ging, und setze nicht eher den Fuss vorwärts, als bis ich den Bülten, auf den ich treten will, als sicher und tragfähig erprobt habe." Dass er dabei als Staatsmann ein Anderer war, wie früher als Parteimann, was ihm von beschränkteren Conservativen vielfach zum Vorwurf gemacht wurde, ist kein Tadel, sondern ein Lob, und ich glaube darauf um so mehr näher eingehen zu sollen, als man mir persönlich später denselben Vorwurf gemacht hat. Mir liegt hierbei Nichts ferner, als mit dem vielfach empfohlenen „Stehen über den Parteien" argumentiren zu wollen. Für mich waltet zwischen dem Beamten und dem Parteimann dieselbe Differenz ob, wie zwischen Richter und Advokaten. So wie man schwerlich einen Advokaten finden dürfte, der alle seine Parteideductionen als Richter gutheissen würde, so befindet sich auch kein Beamter des Staates in der Lage, sich überall mit den Postulaten seiner früheren Parteigenossen zu identificiren. Von hohem psychologischen Interesse war dabei für mich die Wahrnehmung, dass der Graf Roon und der Fürst Bismarck sich in entgegengesetzter Richtung bewegten, indem Ersterer sich mehr den Conservativen und Letzterer den Liberalen näherte, Beide in der gewissenhaften Ueberzeugung, dies dem Staate und ihrer amtlichen Stellung schuldig zu sein.

Inzwischen zogen sich die Kriegswolken immer dichter zusammen. Der Fürst Bismarck wusste, dass Frankreich seit dem Beginn des Jahres 1866 eifrig bemüht war, zwischen Oesterreich und Italien zu vermitteln; dass Napoleon sogar eine österreichisch-italienisch-französische Combination in's Auge gefasst hatte; dass der Kaiser der Franzosen unter dem Vorwande einer commerciellen Abmachung zwischen Oesterreich und Italien eine politische Annäherung der beiden Staaten erwirken wollte. Fürst Bismarck wusste aber auch, dass Italien erklärt hatte, die Wiederherstellung regelrechter Beziehungen zu Oesterreich sei nur dann annehmbar, wenn sie zugleich die Lösung der venetianischen Frage in sich schliesse. Fürst Bismarck bot diese

Lösung und zog hierdurch sofort den König Victor Emanuel auf seine Seite. Von den militärischen Leistungen, die der König zur Verfügung stellen könne, durfte man beinahe absehen. Die Hauptsache war, dass Italien, dem „Frei bis zur Adria" zur Wahrheit verhelfend, als Schild gegen die französische Einmischung diente. Die öffentliche Meinung Grossbritanniens ward gewonnen, indem Fürst Bismarck die Errichtung eines Parlaments der deutschen Nation proclamirte. So vorbereitet und des Erfolges gewiss, war es der preussischen Regierung gestattet, zuzusehen, wie seine Gegner in Holstein das Netz spannen, in welchem sie sich selber fangen mussten. Die Augustenburgische Bewegung griff um sich; man forderte die Berufung der Stände. In einer am 26. Januar 1866 an den königlich preussischen Botschafter in Wien gerichteten Depesche nahm Fürst Bismarck von der Versammlung Augustenburgischer Vereine, die in Altona stattgefunden hatte, Veranlassung, um die entscheidende Wendung, zu welcher die Dinge gediehen seien, zu kennzeichnen. „Man wird", schrieb er, „auch in Wien fühlen, dass die Versammlung schleswig-holsteinischer Kampfgenossen und Vereine nicht mehr blos ein einzelnes Glied in der Kette scheinbar unbedeutender Vorkommnisse bildet, über welche wir uns seit Langem zu beschweren gehabt, sondern dass sie eine entscheidende Wendung bezeichnet, bei welcher sich herausstellen muss, welchen Charakter das Wiener Kabinet seinen Beziehungen zu uns geben will. Diese Versammlung ist in der That eine Erscheinung, auf deren Zulassung auf dem Gebiete des österreichischen Regiments in Holstein wir selbst nach den bisherigen Vorgängen nicht gefasst sein konnten. Eine Massen-Demonstration, bestimmt zur Agitation theils für Zwecke, welche die Landesregierung kurz vorher in ausdrücklichem Auftrage des Statthalters abgelehnt hatte, theils ausdrücklich und direct gegen Preussen; diese Demonstration, zuerst polizeilich beanstandet, dann von der Landesregierung nach Verständigung mit dem Vorstande in einer Weise zugelassen, dass, wenn nur keine Resolutionen gefasst wurden, den aufregenden Reden der weiteste Spielraum gegönnt wurde; endlich die Versammlung von leitenden Demokraten aus anderen deutschen Ländern besucht, ganz in derselben Weise, wie die Versammlungen zu Frankfurt und zu demselben Zwecke. Der

Plan zu dieser Versammlung zeigt, wie man im Lande die Erklärungen der Landesregierung und des Statthalters über die Agitation wegen Berufung der Stände aufgefasst und verstanden hatte, und die Zulassung derselben hat leider bewiesen, dass dies ein richtiges Verständniss war. Es erscheint fast unbegreiflich, dass es zu diesem Punkte hat kommen können, wenn wir auf die Tage von Gastein und Salzburg zurückblicken. Ich durfte damals annehmen, dass Se. Majestät der Kaiser von Oesterreich und Seine Minister ebenso klar, wie wir, über den gemeinsamen Feind beider Mächte, die Revolution, sähen und wir glaubten über die Nothwendigkeit und den Plan des Kampfes gegen dieselbe einig zu sein. Auf diese Ueberzeugung gestützt, machten wir in Wien den Vorschlag des Vorgehens in Frankfurt, auf welchen das kaiserliche Cabinet einging, dem es aber bald die Spitze abzubrechen suchte und dessen Wirkung dadurch in Nichts verlaufen ist. Dieses Verhalten war wohl geeignet, uns bedenklich zu machen, indessen konnten wir doch diese Lauheit und Zurückhaltung noch einer gewissen Passivität und der Nachwirkung früherer Traditionen zuschreiben. Wir durften daher, wenn uns auch diese Erfahrung für die Zukunft zur Vorsicht mahnte, uns doch enthalten, besorglichere Folgerungen daraus zu ziehen. Das gegenwärtige Verhalten der kaiserlichen Regierung in Holstein trägt einen anderen Charakter. Wir müssen es geradezu als ein aggressives bezeichnen, und die kaiserliche Regierung steht nicht an, genau dieselben Mittel der Agitation gegen uns in's Feld zu führen, welche sie mit uns gemeinsam in Frankfurt hatte bekämpfen wollen. . . . Ich habe schon bei früheren Gelegenheiten ausgesprochen, dass, wenn man in Wien dieser Umwandlung eines bisher durch seinen conservativen Sinn ausgezeichneten Volksstammes in einen Herd der revolutionären Bestrebungen ruhig glaubt zusehen zu können, wir unsererseits es nicht dürfen und nicht zu thun entschlossen sind. . . . Eine Deteriorirung, wie sie durch diese Agitation bewirkt wird, können und wollen wir uns nicht gefallen lassen. Das Preisgeben aller Autorität, die Zulassung offenbarer Missachtung und Verhöhnung selbstgegebener Bestimmungen, die principielle Nichtanwendung bestehender Gesetze unter Anfechtung der Giltigkeit derselben Seitens der kaiserlichen Regierung sind erhebliche Beschädigungen des moralischen Princips, welches in den durch einen opfervollen Krieg unserer Fürsorge anheimgegebenen Ländern aufrecht zu erhalten wir uns verpflichtet erachten. Ew. Excellenz überlasse ich es zu erwägen, welchen Eindruck ein solches Verfahren Seines Bundesgenossen im Kriege jetzt im Frieden auf Se. Majestät den König unseren Allergnädigsten Herrn machen, wie schmerzlich es ihn berühren müsse, revolutionäre und jedem Thron feindliche Tendenzen unter dem Schutze des österreichischen Doppeladlers entfaltet zu sehen, und wie solche Eindrücke dahin führen müssen, das von Seiner Majestät lange und liebevoll gehegte Gefühl der Zusammengehörigkeit der beiden deutschen Mächte zu erschüttern und zu schwächen. . . . Die Regierung Sr. Majestät des Königs bittet das kaiserliche Kabinet im Namen der beiderseitigen Interessen, den Schädigungen, welche das monarchische Princip, der Sinn für öffentliche Ordnung und die Einigkeit beider Mächte durch das jetzt in Holstein gehandhabte System leiden, ein Ziel zu setzen. . . . Eine verneinende oder ausweichende Antwort auf unsere Bitte würde uns die Ueberzeugung geben, dass die kaiserliche Regierung nicht den Willen habe, auf die Dauer gemeinsame Wege mit uns zu gehen, sondern dass die Preussen abgeneigten Tendenzen, dass ein, wie wir hofften, überwundener traditioneller Antagonismus gegen Preussen, welcher sich jetzt das Gebiet der Herzogthümer zum Felde seiner Wirksamkeit ausersehen hat, in ihr mächtiger ist, als das Gefühl der Zusammengehörigkeit und der gemeinsamen Interessen. . . . Es ist ein unabweisbares Bedürfniss für uns, Klarheit in unsere Verhältnisse zu bringen. Wir müssen, wenn die von uns erstrebte intime Gemeinsamkeit der Gesammtpolitik beider Mächte sich nicht verwirklichen lässt, für unsere ganze Politik volle Freiheit gewinnen und von derselben den Gebrauch machen, welchen wir den Interessen Preussens entsprechend halten."

Ueber den Erfolg dieses Schreibens berichtet Fürst Bismarck selber in einem Erlass, welchen er am 24. März 1866 an die königlichen Gesandtschaften bei den deutschen Höfen richtete: „Wir trugen die Beschwerden in einer eben so freundschaftlichen als klaren Sprache der kaiserlichen Regierung vor und baten sie im Interesse unserer intimen Beziehungen um Abstellung derselben. Wir fügten hinzu, dass, wenn unsere Bitte erfolglos bliebe, wir darin mit Bedauern ein Symptom der Gesinnung Oesterreichs gegen uns sehen müssten, welches uns das Vertrauen auf die Zuverlässigkeit unserer Allianz nehmen würde. In diesem unerwünschten Falle würden wir die Phase der seit zwei Jahren bestandenen intimen Beziehungen als abgeschlossen betrachten und gegen die ferneren Wirkungen des aus diesen und anderen Symptomen sich ergebenden Uebelwollens des österreichischen Kabinets gegen Preussen anderweite Sicherheiten zu gewinnen suchen."

Auf diese Mittheilung erfolgte von Wien unter dem 7. Februar eine ablehnende Antwort. Da somit aus der früheren Kriegsallianz keine Friedensallianz wurde, so musste sich daraus mit Nothwendigkeit der Keim eines neuen Krieges entwickeln. In Oesterreich war man unverkennbar durch die energische Haltung Preussens überrascht und seine Vorbereitungen zum Kriege waren deshalb unsicher und planlos. Man hatte vielleicht ein neues Olmütz geträumt, doch lag glücklicherweise der Krimkrieg zwischen Oesterreich und Russland. In Preussen wusste man genau, was man wollte. „Wenn wir", schrieb Fürst Bismarck am 27. Mai 1866 an die königlich preussischen Vertreter bei den deutschen Höfen, „wenn wir in der jetzigen Gestaltung des Bundes einer grossen Krisis entgegengehen sollten, so ist eine vollständige revolutionäre Zerrüttung in Deutschland bei der Haltlosigkeit der gegenwärtigen Zustände die wahrscheinlichste Folge. Einer solchen Katastrophe kann man lediglich durch eine rechtzeitige Reform von oben her vorbeugen. Es ist nicht die Masse der unberechtigten Forderungen, welche den revolutionären Bewegungen Kraft verleiht, sondern gewöhnlich ist es der geringe Antheil der berechtigten Forderungen, welcher die wirksamsten Vorwände zur Revolution bietet und den Bewegungen nachhaltige und gefährliche Kraft gewährt. Unbestreitbar ist eine Anzahl berechtigter Bedürfnisse des deutschen Volkes nicht in dem Masse sicher gestellt, wie es jede grosse Nation beansprucht. Die Befriedigung derselben im geordneten Wege der Verständigung herbeizuführen, ist die Aufgabe der Bundesreform. Die letztere ist recht eigentlich im Interesse des monarchischen Princips in Deutschland nothwendig. Das

Ziel verlangt allerdings Opfer, aber nicht von Einzelnen, sondern von Allen gleichmässig."

Selbstverständlich ging die Entwickelung nicht so glatt von Statten, wie solche sich jetzt von rückwärts ansieht; vielmehr war man sich des Ernstes der Situation, sowie der Eventualität klar bewusst, dass das Spiel schliesslich um die Krone Preussens ging und dass der Conflict von gewisser Seite grade hierauf zugeschnitten wurde. Man liess deshalb auch Nichts unversucht, sowohl die eigene Stellung zu verbessern, als auch zur Salvirung des Gewissens auf dem Wege gütlicher Verhandlungen so weit entgegenzukommen, als dies ohne Verleugnung und Neutralisirung des allerdings unveränderlichen Endzweckes überhaupt möglich war. Dass alle diese Versuche schliesslich erfolglos blieben, hatte einen doppelten Grund. Erstens glaubten die Gegner in Preussen noch eine so starke Partei für sich zu haben, dass der Fürst Bismarck mit seiner Politik Fiasco machen werde, sobald es an den letzten Knopf käme, eine Berechnung, bei welcher die Opposition des preussischen Abgeordnetenhauses einen nicht unwesentlichen Factor bildete. Sodann war man für den Kriegsfall seiner Sache so sicher, dass man den Sieg schon in der Tasche hatte und sich nicht mehr mit den Chancen der Erlegung des Bären, sondern schon mit der Vertheilung seines Felles beschäftigte. Nur dieser zweite Grund macht es erklärlich, dass der König von Hannover die einfachsten Erwägungen der Politik in den Wind schlug und sich weniger mit dem Gedanken des Verlustes, als der Vergrösserung seines Königreiches beschäftigte. Der moralische Muth, mit welchem der Fürst Bismarck inmitten dieses Wirrwarrs Stand hielt, so dass selbst der von England her in's Werk gesetzte Mordanfall spurlos an ihm vorüberging, ist über alles Lob erhaben, und ich halte mich um so mehr verpflichtet, dies offen auszusprechen, als ich an Manchem, was er später gethan, Mancherlei auszusetzen habe.

Auch die conservative Partei von damals ist nicht leichten Herzens in diesen Kampf eingetreten. Man wechselt schon mit der Muttermilch eingesogene politische Traditionen und Sympathien nicht, wie man einen Rock auszieht, und namentlich die ältere Generation wurzelte noch immer so fest in den Ueberlieferungen und Ermahnungen des Testaments Friedrich Wilhelm III., dass das Losreissen von denselben fast ein Stück der eigenen Person mitnahm. Ausserdem konnte man sich nur schwer mit dem Gedanken befreunden, das so lange hoch gehaltene Legitimitätsprincip durch die Zustimmung zu der Entthronung und Vertreibung alter deutscher Fürstengeschlechter zu compromittiren, und es war nicht leicht, diese Legitimisten davon zu überzeugen, dass es sich für die conservative Partei Preussens an erster Stelle darum handle, die legitime Stellung des eigenen Königs zu vertreten und den preussischen Thron gegen Angriffe sicher zu stellen, deren Vorkämpfer nicht auf Legitimität, sondern auf Erniedrigung und Zerstückelung Preussens bedacht waren und die im Falle des Sieges schwerlich besondere legitimistische Scrupel gehabt haben würden.

Leider muss ich diese meine Betrachtungen und Ausführungen hier abbrechen, da ich um diese Zeit zum Geheimen Regierungs- und vortragenden Rath im Staatsministerium ernannt wurde und ich daher für die zunächst folgende Periode bis zum 1. October des Jahres 1873 zur Amtsverschwiegenheit verpflichtet bin.

Es erübrigt mir deshalb auch nur noch, ein kurzes Resumé zur Porträtirung der Opposition des preussischen Abgeordnetenhauses, sowie zur Darlegung der Entwickelung der socialen Fragen und Anschauungen zu geben, welche demnächst mit der Begründung des Norddeutschen Bundes zur Einführung des allgemeinen gleichen directen Wahlrechts an Stelle des Censussystems Veranlassung gaben, eine politische Concession, welche Lassalle mit Recht als das grösste Geschenk an die Arbeiterklasse bezeichnete. Unzweifelhaft war Lassalle ein Mann von hochgespannter Sinnlichkeit, bei dessen öffentlichem Auftreten auch Egoismus und Eitelkeit ihre Rolle spielten, doch muss ich dem Dr. Rodbertus Recht geben, wenn er von ihm sagt, dass er es durchaus ehrlich mit den Arbeitern gemeint und dass es ihm vor allen Dingen darauf angekommen sei, die Arbeiter den Täuschungen der Bourgeoisie zu entziehen. Dabei hielt derselbe etwas auf den Staat, dessen Missbrauch als Nachtwächter er energisch bekämpfte, doch würde man ihn allerdings falsch beurtheilen, wollte man annehmen, dass es ihm auf den preussischen Staat in concreto und nicht vielmehr auf die Staatsidee in abstracto angekommen wäre. Sein vermeintliches

Liebäugeln mit der Regierung ist deshalb auch nicht ernsthaft zu nehmen. Lassalle war durchaus nicht der Mann, sich von Anderen benutzen zu lassen: er wollte selber herrschen. Sein Judenthum war ihm nach keiner Richtung hin besonders anzumerken und sein persönlicher Muth zweifellos, so dass er es nicht nöthig gehabt hätte, denselben durch jenes leidige Duell zu erhärten.

Nach seinem Tode gelangte die Parteibildung in wesentlich schwächere Hände, doch haben auch diese, insbesondere der Herr v. Schweitzer, es noch eine Zeitlang vermocht, die Socialdemokratie und deren Entwickelung in den von Lassalle vorgezeichneten Bahnen festzuhalten, was dadurch nicht unerheblich erschwert wurde, dass sich alsbald nach seinem Tode die Leitung der Partei in drei Abtheilungen spaltete, von denen die sogenannte weibliche Linie Seitens der Gräfin Hatzfeld und ihres Privatsecretärs, der zugleich eine Zeitlang Abgeordneter im Norddeutschen Reichstage war, vertreten wurde, während die beiden anderen durch den schon genannten Herrn v. Schweitzer und den Dr. Becker geleitet wurden. Von diesen war der Dr. Becker der Repräsentant und Leiter der revolutionären Richtung, wogegen Herr v. Schweitzer die socialdemokratischen Postulate an die Staatsregierung durch die Regierung befriedigen wollte und zugleich volkswirthschaftlich gebildet genug war, die Einseitigkeit von Marx und Lassalle in Bezug auf die Behandlung des Kapitals zu durchschauen, obschon er gelegentlich „aus Bosheit" für die Aufhebung der Wuchergesetze votirte. Nach seinem Rücktritt fiel die Führung alsbald in die Hände der Herren Liebknecht, Bebel und Genossen, in denen dieselbe sich auch heute noch befindet, wenngleich es auch in diesem socialdemokratischen Ausschuss nicht ganz an Reibungen fehlt und von Zeit zu Zeit wenigstens Stimmen laut werden, welche sich gegen den heutigen Staat nicht absolut ablehnend verhalten wollen.

Unter den gegenwärtigen socialdemokratischen Führern glaube ich die erste Stelle unbedingt dem Herrn Bebel zuweisen zu müssen. Dieser ist nicht allein ein hervorragender Naturredner, von dem der Satz gilt: Pectus facit disertum, sondern hat auch eine staatsmännische Ader, die seinen Reden ein gewisses höheres Gepräge verleiht, so dass sich auf dem parlamentarischen Gebiete nur Wenige mit ihm vergleichen und messen können. Dabei hat er den grossen Vorzug, dass er Arbeiter und Handwerker, und zwar ein sehr geschickter Kunstdrechsler, geblieben ist, dessen Fabrikate wiederholt den Preis gewonnen haben, so dass die Arbeiter ihn als Fleisch und Blut von sich selbst anerkennen und seinen Worten doppeltes Gewicht beilegen. Dagegen ist Liebknecht nur Literat, mit einem gewissen Anstrich von Fanatismus, der seine Wirkung auf die Masse nicht schuldig bleibt und der es ihm zugleich unmöglich macht, die revolutionären Bestrebungen in friedliche Bahnen zu lenken. Leider ist es eine üble Angewohnheit der conservativen Partei, diese Leute und ihren Anhang zu unterschätzen, obschon das Gros derselben auch nicht entfernt die volkswirthschaftliche Bildung besitzt, deren sich selbst die untergeordneten Führer der Socialdemokratie erfreuen. Ich habe unter diesen Persönlichkeiten verschiedene kennen gelernt, welche ihre ganze Musse zum fleissigen Studium benutzten und die sogar, wie beispielsweise die Gebrüder Kappel, volkswirthschaftliche Vorlesungen besuchten.

Es ist hier der Ort, noch einige Worte über die socialdemokratischen Anarchisten und die gewerbsmässigen Revolutionäre zu sagen. Glücklicherweise ist der Nihilismus à la Russland bei uns noch ein exotisches Gewächs und eine importirte Waare und habe ich wenigstens stets die Wahrnehmung gemacht, dass gerade Diejenigen, welche sich in öffentlichen Versammlungen und auch in der Presse als besondere Wütheriche aufspielten, nicht selten Mouchards waren und noch häufiger einen tendenziösen Beigeschmack hatten. Diese meine Ansicht wurde mir auch bestätigt durch den auf diesem Gebiete besonders gut informirten Polizeidirector Stieber, der nach Paris geschickt war, um die Organisation der dortigen öffentlichen und geheimen Polizei zu studiren. Derselbe erzählte mir, dass ihm in den öffentlichen Versammlungen besonders ein Mann aufgefallen sei, der sich als ungarischer Oberst producirt und stets die wüthendsten Reden gehalten habe. Bei einem Besuche des Polizeipräfecten habe er sich beim Weggehen absichtlich in der Thür vergriffen und sei er statt in das Vorzimmer in das geheime Kabinet des Präfecten gerathen. Dort habe er seinen ungarischen Obersten gefunden, und als er sich umgewandt, um seinen Irrthum zu repariren, habe ihn der Präfect nur angelächelt und gesagt: „Nun, Sie wissen ja, wie's gemacht wird." Meinerseits habe ich auch den russischen Anarchisten Bakunin niemals für etwas Anderes gehalten, als für einen russischen Emissär und Polizeispion. Man entkommt aus Sibirien nicht mehrere Male ohne Connivenz der Behörden.

Als in den sechsziger Jahren die Socialdemokratie einen so bedeutenden Aufschwung nahm, da sprachen mir mehrere Parteigenossen ihre Ansicht dahin aus, dass die Socialdemokratie doch eigentlich lauter Unsinn sei und dass sie sich getrauten, die socialdemokratischen Wortführer in einer Unterredung zu widerlegen. Durch meine Vermittelung wurde ein solches Redeturnier arrangirt, und zwar wurden die Vertreter von jener Seite aus dem Handwerkerstande genommen. Nach Verlauf einer Viertelstunde waren die Conservativen nicht blos stumm, sondern auch ob ihrer grossen Unwissenheit vollkommen blamirt.

Selbstverständlich war die Einführung des allgemeinen gleichen directen Wahlrechts ein sehr gefährliches und zweischneidiges Experiment, und habe ich seinerzeit wiederholt und auf das Eindringlichste darauf hingewiesen, dass es diesem Stimmrecht gegenüber nur die eine Alternative gebe: entweder die Socialreform mit Energie und Consequenz in die Hand zu nehmen, oder aber allmälig in die sociale Revolution hineinzutreiben. Leider aber gab man sich in den Kreisen der Regierung nur zu lange der Täuschung hin, die sociale Bewegung, diese Cardinalbewegung unserer Zeit, mit kleinen Concessionen abspeisen und nöthigenfalls polizeilich beherrschen zu können, ja man ging demnächst so weit, aus rein politischen Gründen die antisocialen Parteien, welche von einer Socialreform absolut Nichts wissen wollten, fast für ein Jahrzehnt zu herrschenden Mächten zu erheben und durch Ausnahme-Gesetze und Massregeln die Rückendeckung des politischen Manchesterthums zu übernehmen.

Mit dieser Schwenkung wechselte sofort die Physiognomie der Situation. Während noch kurz vorher die Führer der Fortschrittspartei Seitens der Socialdemokratie aus der Musenhalle in der Leipzigerstrasse in wenig verbindlicher Weise exmittirt worden waren und die Fortschrittspartei ihren Einfluss fast vollständig verloren hatte, wurde es nunmehr diesen Herren wieder ermöglicht, sich als die Vertreter der politischen und socialen Freiheit aufzuspielen und durch Geld und gute Worte ihre Stellung einigermassen zu repariren. Der beste Bundesgenosse für die antisocialen Parteien war die liberale Bureaukratie, und habe ich deshalb auch niemals Anstand genommen, unverhohlen auszusprechen, dass es viel leichter sei, mit einem schweren Frachtwagen im Sande Galopp zu fahren, als mit einer manchesterlichen Bureaukratie und gleichgesinnten Ministern sociale Reformpolitik zu treiben. Dass ich mir durch diese Offenherzigkeit keine Freunde erworben habe, wird Jeder leicht begreifen, zumal die Entwickelung mir alsbald Recht gegeben und man demnächst nach Beseitigung einiger der manchesterlich-bureaukratischen Koryphäen wenigstens den Versuch gemacht hat, das Versäumte nachzuholen. Mit welchem Erfolge liegt klar vor Augen, denn der versäumte Augenblick ist leider auch hier unwiederbringlich. Ausserdem ist es ein leidiger Irrthum, die Beseitigung von drei oder vier liberalen Ministern mit einer Purification der Bureaukratie zu verwechseln. Wer das bureaukratische Treiben aus der Nähe beobachtet hat, der weiss, dass die Geheimen Räthe mächtiger sind, als die Minister und dass selbige, wenn sie auch zu schüchtern sind, offen zu widerstreben oder zu widersprechen, es dennoch vortrefflich verstehen, Frictionen zu erzeugen, ihren Chef zu ermüden, eine ihnen missliebige Sache hinzuhalten und schliesslich im Sande verlaufen zu lassen. So lange man sich nicht entschliesst, für neuen Most neue Schläuche und für neue Aufgaben neue Organe zu schaffen, so lange muss man sich seines guten Willens getrösten — erreichen wird man nicht viel.

Was aber noch mehr in das Gewicht fällt, das ist, dass man bei der heutigen Socialreform denselben Fehler begeht, dessen man sich bei der Emancipation des Bauernstandes schuldig machte. In der kürzlich erschienenen Schrift des Dr. Eugen Jäger zu Speyer „Die Agrarfrage der Gegenwart" wird hierüber mit Recht bemerkt, dass die Emancipation des Bauernstandes bis zum Jahre 1848 mehr oder weniger eine Atrappe gewesen sei und zwar aus dem einfachen Grunde, weil es dem Bauernstande an den erforderlichen Mitteln gebrach, von den ihm in der

Theorie zugesprochenen Rechten Gebrauch machen zu können. Dasselbe wird sich nicht allein bei der Emancipation des vierten Standes wiederholen, sondern es wird sich heute doppelt fühlbar machen, wenn man dabei beharrt, den bäuerlichen Besitz der freien Verwirthschaftung durch das Geldkapital zu überlassen und so den von den Feudallasten befreiten Bauernstand einer sehr viel drückenderen und rücksichtsloseren Hörigkeit und Schuldknechtschaft anheim fallen zu lassen. Ich habe deshalb auch niemals aufgehört, beharrlich darauf zu drängen, dieselbe Organisation, welche zum Zweck der Ablösung und Amortisation der Feudallasten in das Leben gerufen war, auch auf die kapitalistischen Lasten zu übertragen, leider jedoch bis dahin mit wenig Erfolg. Die liberale Bureaukratie und Alle, welche sich von dieser gängeln und leiten lassen in der Meinung, dass bureaukratisch und conservativ dasselbe ist, suchen noch immer den Stein der Weisen darin, Mittel und Wege zu finden, den Grundbesitz noch höher zu verschulden, soweit dies mit Sicherheit für den Gläubiger geschehen kann und dadurch die schliessliche Entlastung wenn nicht unmöglich zu machen, so doch auf das Wesentlichste zu erschweren.

Es ist nicht Ueberhebung, sondern einfache Erinnerung an die Vergangenheit, wenn ich hier darauf hinweise, dass auch die jetzt beabsichtigte Vorlage über die Stempelpflichtigkeit von kaufmännischen und Lieferungsgeschäften bereits in den Fünfziger Jahren von mir beantragt worden ist, um damit einer durch Nichts gerechtfertigten Bevorzugung des mobilen Kapitals ein Ende und mit der Besteuerung der Börse wenigstens den Anfang zu machen, dass ich indessen damit an denselben Einflüssen gescheitert bin, welche heute die Besteuerung der Börse hinauszuschieben und zu vereiteln wissen.

Man hat im Jahre 1866 der Regierung vielfach einen Vorwurf daraus gemacht, dass selbige, anstatt nach dem Siege das widerspenstige Abgeordnetenhaus aufzulösen und mit einer neugewählten Volksvertretung die Früchte des Sieges auch für die innere Politik einzuheimsen, nicht allein mit den nämlichen Leuten weiter gewirthschaftet, sondern sich von denselben sogar eine Indemnität habe bewilligen lassen. Nach meiner Kenntniss der Verhältnisse ist dieser Vorwurf nur zum Theil begründet.

Nach dem, soviel ich mich erinnere, sogar durch Gneist verbürgten Begriffe einer Indemnität geht der wahre Sinn derselben dahin, dass die Regierung, welche Indemnität verlangt und erhält, ganz recht gethan, so zu handeln, wie sie gehandelt hat. Von einer Verzeihung oder Strafloserklärung ist dabei so wenig die Rede, dass in dem vorliegenden Falle das preussische Abgeordnetenhaus sich vielmehr selbst desavouirte und es für ungerechtfertigt erklärte, der Regierung bis dahin die für die Armee-Reorganisation sowie für die Kriegsführung erforderlichen Geldmittel verweigert zu haben. Es war der preussischen Demokratie vorbehalten, für sich ein durch Nichts begründetes Begnadigungsrecht in Anspruch zu nehmen, und der Fehler, welchen die preussische Regierung damals beging, besteht nicht darin, die Dinge durch eine nachträgliche Bewilligung wieder in die rechte verfassungsmässige Form gebracht zu haben, sondern darin, dass man es unterliess, jeden Zweifel darüber zu beseitigen, in welchem Sinne die Indemnität gemeint sei. Etwas anders steht es um die Frage, aus welchem Grunde man damals nicht zur Auflösung des Abgeordnetenhauses geschritten ist, eine Frage, bei deren Beantwortung ich auch meinerseits nur Vermuthungen aussprechen kann. Von der einen Seite meinte man damals, dass damit eine Demüthigung der langjährigen Opposition beabsichtigt werde, indem man diese zwingen wollte, sich vor Denen zu beugen, welche man so lange über die Achsel angesehen hatte, und die eigene frühere Thätigkeit zu nullificiren. Von der anderen gab man dagegen der Vermuthung Raum, dass man die Auflösung hinausschiebe in der Besorgniss, unter dem frischen Eindruck des Sieges und der gewonnenen Resultate eine Art von chambre introuvable zu erhalten. Nach meinen eigenen Wahrnehmungen war indess das eigentlich Ausschlaggebende die Erwägung, den gewonnenen Frieden auch auf die inneren Verhältnisse auszudehnen und soweit möglich, alle Kräfte und Elemente des Volkes zusammenzufassen, um den klar erkannten Eventualitäten der nächsten Zukunft gewachsen zu sein.

Dass Letzteres wenigstens die ausgesprochene Meinung der Regierung war, darüber lassen sowohl die damalige Thronrede und die entsprechende Adresse als auch wiederholte ausdrückliche Erklärungen des Fürsten Bismarck kaum einen Zweifel.

In der Thronrede, mit welcher der Landtag am 5. August 1866 eröffnet wurde, sprach Seine Majestät der König zunächst seinen und seines Volkes Dank für Gottes Gnade aus, welche Preussen geholfen habe, unter schweren, aber erfolgreichen Opfern nicht nur die Gefahren feindlicher Angriffe von unseren Grenzen abzuwenden, sondern im raschen Siegeslaufe des vaterländischen Heeres dem ererbten Ruhm neue Lorbeeren hinzuzufügen und der nationalen Entwickelung Deutschlands die Bahn zu ebnen. Sodann heisst es wörtlich weiter: „Unter dem sichtbaren Segen Gottes folgte die waffenfähige Nation mit Begeisterung dem Rufe in den heiligen Kampf für die Unabhängigkeit des Vaterlandes und unser heldenmüthiges Heer schritt, unterstützt von wenigen, aber treuen Bundesgenossen, von Erfolg zu Erfolg, von Sieg zu Sieg, im Osten wie im Westen. Viel theures Blut ist geflossen, viele Tapfere betrauert das Vaterland, die siegesfroh den Heldentod starben, bis unsere Fahnen sich in einer Linie von den Karpathen zum Rhein entfalteten. In einträchtigem Zusammenwirken werden Regierung und Volksvertretung die Früchte zur Reife zu bringen haben, die aus der blutigen Saat, soll sie nicht umsonst gestreut sein, erwachsen müssen... Ich hege das Vertrauen, dass die jüngsten Ereignisse dazu beitragen werden, die unerlässliche Verständigung insoweit zu erzielen, dass Meiner Regierung in Bezug auf die ohne Staatshaushaltsgesetz geführte Verwaltung die Indemnität, um welche die Landesvertretung angegangen werden soll, bereitwillig ertheilt und damit der bisherige Conflict für alle Zeit um so sicherer zum Abschluss gebracht werden wird, als erwartet werden darf, dass die politische Lage des Vaterlandes eine Erweiterung der Grenzen des Staates und die Einrichtung eines einheitlichen Bundesheeres unter Preussens Führung gestatten werde, dessen Lasten von allen Genossen des Bundes gleichmässig werden getragen werden." In ähnlichem Sinne betonte der Fürst Bismarck am 20. December, als die schleswig-holsteinischen Umtriebe sich wieder bemerklich machten, die Nothwendigkeit, dass wir Rücken an Rücken stehen und das Gesicht dem Auslande zuwenden müssten, um gemeinschaftlich unsere Interessen zu wahren. Desgleichen erinnerte derselbe, als das Abgeordnetenhaus in Betreff des Gesetzentwurfs über den ausserordentlichen Geldbedarf der

Militär- und Marine-Verwaltung eine schwankende Haltung annahm, an die gemeinsamen Gefahren der Krone und des Volkes, die, weit entfernt, durch die bereits errungenen Erfolge verscheucht zu sein, vielmehr intensiver geworden wären, wenn nicht das Ausland durch den Anblick der vollen Einigkeit der preussischen Nation mit ihrer Regierung vor jedem verderblichen Plane zurückgeschreckt würde. Freilich pflegt man bei solchen Gelegenheiten nicht Alles zu sagen, was man denkt.

Wie gross und unleugbar die Niederlage der Demokratie war, kann man am besten daran bemessen, dass nicht allein die demokratische Raupe sich in der Kürze in einen nationalliberalen Schmetterling verwandelte, sondern dass auch die bis dahin hervorragendsten Führer der Opposition als die scheinbar eifrigsten Mitarbeiter in den Vordergrund traten, freilich mit der Massgabe, dass sie sich zunächst mit einer dienenden Stellung begnügen mussten. Selbstverständlich können meine Mittheilungen hierüber nicht weiter gehen als meine Wahrnehmungen, die ich in meiner Eigenschaft als Reichstags- und Landtags-Abgeordneter zu machen in der Lage war, doch sind auch diese genügend, um meine betreffenden Schlussfolgerungen zu rechtfertigen. Es waren damals in der Hauptsache zwei Gegensätze, durch welche die „grosse" liberale Partei gespalten wurde, ein ausgesprochener und ein unausgesprochener. Der erste, welcher schon im Norddeutschen Reichstage zu Tage trat, war der: ob man zuerst die Freiheit und dann die Einheit Deutschlands oder umgekehrt erstreben solle, ein Gegensatz, der indess zu sehr nach der constitutionellen Tretmühle schmeckte, um schon nach so kurzer Zeit bei dem deutschen Volke wieder Anklang finden zu können. Der andere tiefer liegende und deshalb nicht ausgesprochene ging dahin: ob man zuerst die Herrschaft auf dem politischen oder auf dem volkswirthschaftlichen und socialen Gebiete zu erringen bemüht sein solle, und das damalige Changement von Demokratie in Nationalliberalismus bestand wesentlich in der Erkenntniss, dass man die Herrschaftsbestrebungen auf dem politischen Gebiete einstweilen einstellen oder wenigstens cachiren müsse, um zunächst auf dem volkswirthschaftlichen und socialen das unentbehrliche Fundament zu gewinnen.

Man kann die Geschichte der letzten zehn Jahre und die entsprechende innere Politik Deutschlands nicht anders richtig verstehen, als wenn man bei dieser Auffassung beharrt. Nur in dieser Beleuchtung ist es verständlich, dass der Nationalliberalismus zu jedem politischen Compromiss bereit war, wenn er dafür eine volkswirthschaftliche oder sociale Errungenschaft einzuheimsen vermochte und dass er seine politischen Principien bereitwillig verleugnete, wenn ihm dafür eine materielle Concession entgegengebracht wurde. Ebenso wird es nur dadurch verständlich, dass im Verlaufe der Entwickelung ein Theil der nationalliberalen Führer als Secessionisten bei Seite ging, weil die Schwenkung in der volkswirthschaftlichen Politik Seitens des Reichskanzlers die socialen Errungenschaften in Frage stellte und dass der gesammte Nationalliberalismus sein langjähriges Haupt verleugnete, weil dieses der socialen Entwickelung gewisse Concessionen machen zu sollen glaubte. Es wird dabei nicht ohne Interesse sein, die betreffenden Führer des Nationalliberalismus etwas eingehender zu skizziren. In erster Linie steht hier Herr von Bennigsen, der langjährige Führer der Opposition, in dem annectirten Königreich Hannover. Schöpfer und Leiter des Nationalvereins, war derselbe unter einer festen und sicheren Hand und Leitung ein sehr brauchbarer Mitarbeiter an dem Bau des Deutschen Reiches und hatte sogar, so lange er als geistiger und politischer Kostgänger des Fürsten Bismarck figurirte, einen gewissen staatsmännischen Anstrich, welchen er noch durch ein feierliches und reservirtes Wesen zu heben verstand, das ihn um so besser kleidete, als es ein durchaus natürlicher Zustand war. Für mich enthielten seine Reden kaum jemals etwas Neues, da ich den wesentlichen Inhalt derselben schon immer vorher entweder gelesen oder gehört hatte. Dass er nichts desto weniger im Ganzen ein schlechter politischer Acteur war, hat er durch die Art und Weise seines Abgangs bewiesen.

Der zweite in der Reihe war der jüngst verstorbene Dr. Lasker. Es würde mir persönlich schlecht anstehen, den todten Mann mit Schmutz zu bewerfen, obschon er dies in seinem Leben recht reichlich gegen mich gethan hat. Was ich über ihn zu sagen habe, das werde ich dort aussprechen, wo es sich um meinen Rücktritt aus dem Staatsdienste handelt. Hier beschränke ich mich darauf, der Wahrheit gemäss zu constatiren, dass der Einfluss und das Ansehen, dessen er sich während seiner parlamentarischen Wirksamkeit erfreute, wohlverdient waren. Es war nicht blos seine Befähigung, sondern sein beharrlicher Fleiss, welcher ihn auf allen Gebieten in den Stand setzte, die einschlagenden Fragen zu beherrschen und durch Arbeit seine minder informirten Parteigenossen zu beeinflussen. Eine parlamentarische Stellung wie die seinige, während deren sich selbst eine gewisse Spielart des Beamtenthums um seine Protection bewarb, gewinnt man nicht durch Nichtsthun. Unrichtig ist es freilich, dass derselbe ganz ohne Ehrgeiz gewesen. Politiker ohne Ehrgeiz giebt es überhaupt nicht, doch war der Dr. Lasker, allerdings scharfsichtig genug, um sich über die Grenze des von ihm Erreichbaren nicht zu täuschen, so dass er mir stets den Eindruck machte, als sei sein Bestreben darauf gerichtet, in Deutschland die Rolle des Ungarn Deak, wenn auch nicht ganz mit derselben Freiwilligkeit, zu spielen. Es ist dies eben der Ehrgeiz einer Art von politischem Diogenes. Ueberaus heuchlerisch und widerlich ist die Art und Weise, in welcher neuerdings sein Andenken von Seiten der Fortschrittspartei nebst Anhang gefeiert wird. Man scheint dort ganz vergessen zu haben, dass für den Dr. Lasker in den letzten Jahren seines Lebens in seinem engeren Vaterlande überhaupt kein Mandat mehr zu finden war, dass er im Deutschen Reiche als Meininger auftreten musste und dass es namentlich die Fortschrittspartei war, welche ihm einen förmlichen Absagebrief schrieb. Mehr als seltsam war sein persönliches Verhältniss zu dem Fürsten Bismarck. Ich glaube nicht, dass die Persönlichkeit Lasker's dem Reichskanzler jemals sympathisch gewesen ist und dass es dem Letzteren besondere Schmerzen bereitete, als sein „Mitarbeiter" in die Brüche ging. Lasker war Einer von den Vielen, die zu schieben meinten, während sie geschoben wurden, und die sich einbildeten, Faiseurs zu sein, während sie doch nur Werkzeuge waren.

Ein weiterer Führer der Nationalliberalen war der Kampfgenosse des Herrn von Bennigsen, der ebenfalls aus Hannover importirte Miquel, dem es vergönnt war, die Stufenleiter vom

Socialdemokraten bis zum Oberbürgermeister „in gleichem Schritt und Tritt" mit seinem politischen und socialen Freunde, dem bekannten „rothen Becker", zu erklimmen. Herr Miquel ist ein sehr kluger und praktischer Mann, der aus seiner socialistischen Jugendliebe noch ein gewisses sachverständiges Interesse für den Handwerkerstand und dessen Hebung sich bewahrt, im Uebrigen aber den Beweis geführt hat, dass Herr Pereire in Paris nicht der Einzige war, dem der grosse Sprung vom Socialdemokraten bis zum bedeutenden Banquier gelang. Gegenüber der im Jahre 1873 inaugurirten moralischen Auffassung des Börsenspiels scheint ihm seine Stellung bei der Disconto-Gesellschaft die fernere politische Thätigkeit verleidet zu haben.

Aus etwas anderem Stoffe ist der gefeierte Nationalökonom und volkswirthschaftliche Prophet des Liberalismus, Herr Bamberger, gebildet. Bekanntlich hat auch dieser zeitige Repräsentant der Goldwährung ganz klein und ziemlich roth angefangen und zählte im Jahre 1848 zu den Freiheitskämpfern, welche das strategische Manöver des Rückwärts-Concentrirens erfanden. Seitdem beschäftigte er sich mehr mit reellen Dingen und zählt unbedingt zu Denjenigen, welche auf dem volkswirthschaftlichen und socialen Gebiete am besten orientirt sind und Verstand und Witz genug besitzen, um für ihre Waare stets Abnehmer zu finden. — Auf „unseren Braun" möchte ich ohne jeden verletzenden Beigeschmack das bekannte Wort anwenden: Von allen Geistern, die verneinen, ist mir der Schalk am wenigsten zur Last. Geborener Leiter und Vorsitzender, wie es scheint, aller manchesterlichen Bestrebungen und Vereine und, soviel ich weiss, auch Ehrenmitglied des Cobdenclubs, betrachtet er das Manchesterthum als seine Domäne und dessen Vertretung als seine Lebensaufgabe, wobei er sich freilich wohl kaum noch verhehlen kann, dass jedes Ding seine Zeit hat und dass er sich bereits in einer bedenklichen Defensive befindet. Mit seinem gutmüthigen süddeutschen Witz weiss er indess seine Vorträge noch immer schmackhaft zu machen. —

Da neuerdings die Frage des Wahlrechts wieder in den Vordergrund getreten ist, so wird es nicht ohne Interesse sein, an einige darauf bezügliche Aussprüche des Fürsten Bismarck aus jener Zeit zu erinnern. „War das Wahlgesetz", sagte derselbe, „nach einer anderen Richtschnur als derjenigen des allgemeinen Wahlrechtes herzustellen? Widerspricht die allgemeine Wahl den deutschen Ueberlieferungen? Birgt sich in ihr vielleicht gar eine cäsarische Conspiration? Das allgemeine Wahlrecht ist uns gewissermassen als ein Erbtheil der Entwickelung der deutschen Einheitsbestrebungen überkommen. Wir haben es in der Reichsverfassung gehabt, wie sie in Frankfurt entworfen wurde; wir haben es im Jahre 1863 den damaligen Bestrebungen Oesterreichs in Frankfurt entgegengesetzt und ich kann nur sagen, ich kenne wenigstens kein besseres Wahlgesetz. Ich habe nicht einmal cursorisch im Laufe der Reden ein anderes Wahlgesetz diesem gegenüber rühmen hören; ich will damit nur motiviren, dass „verbündete Regierungen" keineswegs ein tief angelegtes Complot gegen die Freiheit der Bourgeoisie in Verbindung mit den Massen zur Errichtung eines cäsarischen Regiments errichtet haben können. . . . Dann habe ich stets in dem Gesammtgefühl des Volkes noch mehr Intelligenz, als in dem Nachdenken des Wahlmannes bei dem Aussuchen des zu Erwählenden gefunden, und ich habe den Eindruck, dass wir bei dem directen Wahlrecht bedeutendere Capacitäten in das Haus bringen, als bei den indirecten Wahlen." Freilich wurde dabei gleichzeitig die Diätenlosigkeit proclamirt und ist diese auch, allen fortschrittlichen Anläufen zum Trotz, bis heute unverändert festgehalten. Die Antwort der Socialdemokratie war, dass der Fürst Bismarck damals von ihr in Elberfeld mit grosser Majorität gewählt wurde, was sich seitdem leider nicht wiederholt hat.

Bevor ich diesen Abschnitt schliesse, muss ich nochmals auf eine, trotz der wiederholten Dementirung beharrlich festgehaltene, Tendenzlüge zurückkommen, weil diese auch in einer neuerdings erschienenen Schrift „Bismarck. Zwölf Jahre deutscher Politik" wieder aufgewärmt wird. Es heisst hier wörtlich: „Vom verstorbenen Hofrath L. Schneider, dem Vorleser des Königs Friedrich Wilhelm IV. und Correspondent des Kaisers Nicolaus, wird erzählt: Sein Verhalten während der Jahre der deutschen Krisis war nicht das Vorgehen eines einzelnen durch royalistischen Uebereifer missleiteten Mannes — es war typisch für die Auffassung russischer Beziehungen, welche in einer weit verbreiteten und einflussreichen Klasse preussischer Patrioten Geltung hatte. Wie Schneider dachte die gesammte Partei der Leute, denen die Partei über das Vaterland, das scheinbare Interesse der Krone über das dauernde und wahre Interesse des Staates ging. In dem Berlin der letzten vierziger und ersten fünfziger Jahre ist es ein öffentliches Geheimniss gewesen, dass die Fraction, welche sich die conservative nannte, ihre Parole an den Vorabenden wichtiger Entscheidungen fast regelmässig aus dem russischen Botschaftshotel holte und dass der Herr dieses Hauses, Baron Meyendorff, trotz seiner notorisch österreichischen Gesinnung (er war ein Schwager des Grafen Buol) auf Beamtenthum und Gesellschaft der preussischen Gesellschaft seiner Zeit Einflüsse geübt hat, wie russische Minister sie seit den letzten Tagen der königlichen Republik Polen in fremden Ländern nicht mehr besessen hatten. Gerade in den höchsten Kreisen der Berliner Gesellschaft wusste man am genauesten, dass dieser Herr die Zeiten der Verwirrung und Rathlosigkeit des Hofes, bei welchem er accreditirt war, zu einem Verhalten ausgenutzt hatte, das in der Geschichte der Diplomatie einzig dastand.

Von einem roi . . . zu reden, die unter den Schutz Preussens genommenen Schleswig-Holsteiner als „Canaillen" zu bezeichnen, Männern wie Radowitz und General v. Willisen geringschätzige Epitheta anzuhängen, den Militär-Bevollmächtigten von Rauch als den Schutzengel des Königs am „Throne Sr. Majestät" zu feiern und aus seiner Entrüstung über das Zustandekommen einer Verfassung und eines Pressgesetzes nicht das geringste Hehl zu machen, waren Freiheiten, die sich eben nur der russische Gesandte nehmen durfte und die er sich nahm, weil er die Empfindung hatte, als Repräsentant einer höheren Macht über den, für andere Sterbliche geltenden, Rücksichten zu stehen."

Bekanntlich gab es damals ausser und neben der Kreuzzeitung und deren Partei keine andere conservative Partei und jeder Ehrenmann sollte sich billigerweise schämen, die Partei der Kreuzzeitung in solcher Weise zu verdächtigen, so lange er nicht die schlagendsten Beweise für seine Insinuationen beizubringen vermag. Unbestritten aber darf ich für mich das Anerkenntniss in Anspruch nehmen, dass ich die Kreuzzeitung, welche damals die Führerin der Partei war, mit voller Selbstständigkeit und nicht ganz ohne Talent redigirte, und ich darf die Versicherung aussprechen, dass ich mit dem Baron v. Meyendorff niemals auch nur ein Wort gesprochen habe. Der Hausjournalist der russischen Gesandtschaft war seinerzeit der Dr. Constantin Frantz, der in einem gegensätzlichen Verhältniss zu uns stand, dessen Charakter und Selbstständigkeit ich jedoch genügend kenne und ehre, um auszusprechen, dass derselbe niemals etwas geschrieben hat, was gegen seine Ueberzeugung war. Dass wir den Herren von Radowitz und von Willisen niemals Schmeicheleien gesagt, sondern dieselben energisch und consequent angegriffen haben, und zwar mit der ausgesprochenen Absicht sie zu Falle zu bringen, räume ich gern ein, doch geschah dies nicht auf russische Bestellung, sondern weil wir selbst Verstand genug hatten, um das Phantastische und Unheilvolle der politischen Thätigkeit jener Männer zu erkennen, eine Erkenntniss, die im Laufe unserer Entwickelung ihre volle Bestätigung fand. Dass Herr von Radowitz Sr. Majestät dem hochseligen Könige Friedrich Wilhelm IV. eine Zeitlang sehr nahe stand, ist mir ebenfalls nicht unbekannt und habe ich persönlich nicht unwesentlich darunter gelitten, dass ich dessenungeachtet dabei beharrte, die Polemik gegen denselben fortzusetzen. In meiner kleinen Schrift über Friedrich Wilhelm IV. bin ich hierüber um deswillen mit Stillschweigen hinweggegangen, weil ich es nicht angezeigt hielt, die frühere Kritik wieder aufzufrischen und die Art und Weise des Einflusses des Herrn von Radowitz auf den König eingehender darzulegen. Der General wusste stets genau, was der König las, und er las dann dasselbe, wodurch er sich stets in der angenehmen Lage befand, dem Könige gerade auf dem Gebiete, das diesen augenblicklich interessirte, als besonders wohlunterrichtet zu erscheinen. Ausserdem hatte Herr von Radowitz die Gabe, die hingeworfenen Gedanken des Königs zu verarbeiten und in eine ansprechende Form zu bringen, so dass der König wiederholt seine Verwunderung darüber aussprach, sich so oft mit dem General in seinen eigensten Gedanken zu begegnen. Wir machen dem General hieraus keinen Vorwurf, sondern constatiren einfach Thatsachen, welche uns aus der besten Quelle zugegangen sind.

Den General von Rauch, der dort ebenfalls geschmäht und verdächtigt wird, kann der Verfasser jener Insinuation unmöglich gekannt haben. Derselbe war ein Ehrenmann und preussischer Patriot im höchsten Sinne des Wortes, der sich für sein Vaterland und seinen König ohne Zaudern in Stücke hauen liess und der sich deshalb auch des grössten Vertrauens des Königs erfreute. Allerdings war er kein Phantast und Schwätzer, sondern ein preussischer Soldat von der alten Art, ähnlich wie der Kriegsminister von Strotha, von welchem — im merkwürdigen Widerspruche — in demselben Buche erzählt wird, dass er die kriegerischen Pläne des Herrn von Radowitz auf das Entschiedenste desavouirt und den damaligen Herrn v. Bismarck gebeten habe, seinen ganzen Einfluss dagegen einzusetzen. Es heisst in dieser Beziehung dort nach Aeusserungen des Fürsten Bismarck: „Der Kriegsminister zur Olmützer Zeit (von Strotha) äusserte sich, als ich damals als Abgeordneter und Landwehrofficier einberufen wurde und mich bei ihm meldete, gegen mich selber dahin: „Wir können uns gar nicht schlagen, wir sind gar nicht in der Lage; wir haben erst in vierzehn Tagen 70,000 Mann zwischen Oder und Elbe, wir können die Oesterreicher gar nicht hindern, Berlin zu besetzen, wir müssen mobilisiren in zwei getrennten Lagern, das eine in Königsberg, das andere in Koblenz, von da müssen wir unser Land und die Hauptstadt wieder erobern; also ich muss Sie bitten, wenn Sie Einfluss auf Ihre Collegen haben, wiegeln Sie ab, was Sie können, wir können mit der Landwehr heute nicht schlagen, wir haben Cadres von 150,000 Mann in Baden stehen und haben sie nicht zusammen." So Fürst Bismarck über Olmütz.

Was den Nachfolger des Baron Meyendorff, den Baron Budberg, anlangt, so bestand meine erste Berührung mit demselben — wie mir dies Herr von Kleist-Retzow wohl freundlich bestätigen wird — darin, dass der russische Gesandte in aller Form bei dem Herrn von Manteuffel, als dem Minister der auswärtigen Angelegenheiten, den Antrag stellte, mich wegen Beleidigung der russischen Gesandtschaft verhaften und zur Untersuchung ziehen zu lassen. Natürlich wurde diesem Antrage nicht Folge gegeben und suchte Herr von Budberg seinen Verstoss später wieder dadurch gut zu machen, dass er mich zu einer Soirée einlud, was bekanntlich nicht viel bedeuten will.

Was endlich den Hofrath Schneider anbetrifft, so erfreute sich dieser ja allerdings der besonderen Gunst des Kaisers Nicolaus, doch ist, soviel ich weiss, seine Haltung und Thätigkeit stets von der Art gewesen, dass er sich des ungetrübten Vertrauens sowohl des hochseligen Königs als auch des jetzt regierenden Kaisers Majestät erfreut hat. Jedenfalls glaube ich behaupten zu dürfen, dass der Hofrath Schneider sich in der schlimmsten Zeit, den Jahren 48 und 49, mehr und zwar mit Gefahr von Leib und Leben für die Krone Preussen exponirt hat, als der Verfasser jener schmählichen Insinuation.

Mit dem Jahre 1873 bin ich aus dem Staatsdienste ausgeschieden. Der Grund meines Ausscheidens ist bekannt. Es war mein Zusammenhang mit der **Pommerschen Centralbahn**, und man wird es wohl gerechtfertigt finden, wenn ich mich heute, wo die politische Erregung und so mancherlei Vorurtheile geschwunden sind, etwas weitläufiger darüber verbreite. Meine Betheiligung an jenem Unternehmen hatte darin ihren Grund, dass der Ausbau der fraglichen Bahn allgemein als eine Lebensfrage für Hinterpommern und speciell für meinen Wahlkreis Neustettin angesehen wurde und dass ich ausserdem auch noch persönlich als Besitzer eines Rittergutes dabei betheiligt war. Ich habe mich deshalb auch schon, bevor ich wieder in den Staatsdienst eintrat, um das Zustandekommen der fraglichen Bahn bemüht und diese Bemühungen demnächst mit ausdrücklicher Genehmigung meines Chefs durch mehrere Jahre mit eigenen, nicht unerheblichen Opfern fortgesetzt. Erst nach dem französischen Kriege wurde die betreffende Concession ertheilt, und war dies nicht etwa eine Begünstigung, da sich bis dahin Niemand sonst dazu gefunden hatte und insbesondere die Stettiner Eisenbahn-Gesellschaft, welcher jener Bau wiederholt angetragen war, denselben nur gegen Staatsgarantie übernehmen wollte. Als ich mit Ende des Jahres 1872 zum ersten vortragenden Rath beim Staatsministerium ernannt wurde, löste ich im December meine Beziehungen zu der Pommerschen Centralbahn und gehörte also zu der Zeit, als Herr Lasker seine Rede gegen mich hielt, der fraglichen Gesellschaft gar nicht mehr an.

Was jene ihrer Zeit vielgefeierte Rede selbst anlangt, so ist schon bei Lebzeiten des Herrn Lasker wiederholt öffentlich ausgesprochen worden, dass er dieselbe insofern mit einer Unwahrheit eröffnet habe, als er versicherte, sich bis dahin niemals mit den betreffenden Angelegenheiten beschäftigt zu haben, obschon er kurz vorher — wie es hiess — im Auftrage des Herrn Miquel eine Denkschrift über die Betheiligung des Prinzen Byron und des Fürsten Putbus, sowie der Herzöge von Ujest und Ratibor an den bekannten Eisenbahnunternehmungen gegen Honorar gefertigt und darin, wie mir damals versichert wurde, zu dem Resultate gelangt war, dass das vorliegende Material genüge, um die von einem hiesigen grossen Bankinstitut beabsichtigten Anträge auf ein strafrechtliches Verfahren zu rechtfertigen. Die fragliche Rede beschäftigte sich deshalb auch überwiegend mit den genannten fürstlichen Personen und es war nur das besondere Wohlwollen der liberalen und fortschrittlichen Presse, sowie die für mich unqualificirbare Haltung meiner Parteigenossen, wodurch ich alsbald als Hauptobject in den Vordergrund geschoben wurde.

Es war dies um so befremdlicher, als die Lasker'sche Rede in Bezug auf mich absolut nichts Neues enthielt. Dass die Begründer der Pommerschen Centralbahn für ihre Arbeiten und Auslagen eine Vergütung von zusammen vierzig Tausend Thalern erhalten sollten, stand ausdrücklich in den von der Staatsregierung genehmigten Statuten und ich darf dreist hinzufügen. dass noch niemals eine Eisenbahn mit so geringen Unkosten in's Leben gerufen worden ist, wie man sich denn auch an der Börse über unsere Dummheit lustig machte, dass wir uns so billig hätten abspeisen lassen. Was sonst noch vorgebracht wurde, betraf namentlich die sogenannten Scheinzeichnungen, ein Verfahren. welches damals allgemein üblich und bekannt war, da es sich als absolut unausführbar erwies, die Actien solcher Eisenbahnen, deren Rentabilität einigermassen zweifelhaft war, al pari an den Markt zu bringen. Dass Diejenigen, die es selbst ebenso gemacht hatten, sich am sittlich entrüstetsten geberdeten und am lautesten darüber schrieen, ist nur ein neuer Beweis, wie Recht Friedrich der Grosse hatte, als er zu dem Professor, der die Erbsünde leugnete, bemerkte: „Mein Lieber, Er kennt die

Menschen noch nicht. Der Mensch ist im Allgemeinen eine hässliche Raupe."

Ich verschmähe es, einstweilen Namen zu nennen, obschon ich eine ganze Reihe solcher in petto habe, die mich gerade wegen dieser sogenannten Scheinzeichnungen mit Schmutz bewarfen, während sie ihrerseits bei der Henckel'schen Bank Scheinzeichnungen für den Herrn Dr. Stroussberg und für Eisenbahnen, die sie gar Nichts angingen, gemacht und dafür eine mehrprocentige Provision in Empfang genommen hatten. Ebenso verschmähte ich es und verschmähe es auch heute noch, Das, was ich gethan, durch Unwahrheiten zu vertuschen oder zu bemänteln. Ich habe es auch meinen Vorgesetzten gegenüber ausdrücklich ausgesprochen, dass ich bei der Pommerschen Centralbahn so viel hätte verdienen wollen, als ich dabei riskirte, und fügte ausdrücklich hinzu, dass ich Denjenigen, welcher bei einem gewerblichen Unternehmen einen Einsatz ohne Aussicht auf die Möglichkeit eines entsprechenden Gewinnes gemacht zu haben behaupte, für einen Lügner, Heuchler oder Narren halte.

Wäre in meinem Verfahren irgend etwas Strafbares oder auch nur Anrüchiges zu finden gewesen, so würde die damalige parlamentarische Untersuchungs-Commission, deren eigentlicher Präsident und Geschäftsführer der Dr. Lasker war, und die Alles, was die Pommersche Centralbahn betraf, auf das Gründlichste und Minutiöseste untersuchte, so dass man für die Thaten der Herren von Bennigsen, Braun, Miquel und die Vernehmung des Herrn Adikes wenig oder gar keine Zeit übrig behielt, dies unzweifelhaft an die grosse Glocke geschlagen haben, besonders wenn man dabei erwägt, welches enormen Einflusses der Herr Lasker sich damals erfreute und worauf jener Einfluss gegründet war. Herr Lasker wusste in gewissen Hauptbüchern sehr genau Bescheid, ein Thema, auf das ich vielleicht noch einmal zurückkomme.

Der formelle Abschluss der Sache für mich war ein Verweis, der mich veranlasste, um meinen Abschied zu bitten, welcher mir auch mit der gesetzlichen Pension bewilligt wurde. Dass der Fürst Bismarck durch diese Affaire weder meine amtliche noch meine bürgerliche Ehre als verletzt betrachtete, hat er mir — worüber ich mich ihm noch heute zu lebhaftem Danke verpflichtet fühle — dadurch bewiesen, dass unser persönliches Verhältniss unverändert blieb, dass ich nach wie vor wiederholt Einladungen nach Varzin erhielt und dass mir derselbe sogar ein Commissorium zur Theilnahme an dem Congress der Kathedersocialisten in Eisenach ertheilte. Anders allerdings die Mehrzahl meiner früheren Parteigenossen, die mir aus dem Wege gingen, als wenn ich an einer ansteckenden Krankheit litte. Ich nehme zu ihrer Ehre an, dass sie sich schämten! — sie hatten auch allen Grund dazu. Das Stärkste, was in dieser Beziehung geleistet wurde, war wohl, dass, als die Kreuzzeitung ihr fünfundzwanzigjähriges Jubiläum feierte, ich als der Begründer derselben keine Einladung dazu erhielt. Der Dr. Rodbertus wird vielleicht nicht ganz Unrecht haben, wenn er behauptet, dass Neid und Missgunst bei dieser Haltung der Conservativen mitgespielt, dass ich denselben schon lange unbequem gewesen, weil ich mich nicht als Werkzeug habe brauchen lassen und denselben zu gross geworden sei. Ausserdem hatte man mir schon wiederholt laut und leise, natürlich hinter meinem Rücken, den Vorwurf gemacht, dass ich das, was die Herren die conservativen Principien nannten, nicht mehr mit der früheren Entschiedenheit verträte, und doch hätten sie diesen Vorwurf ganz einfach aus dem Kalender berichtigen können, da die liberale Wandlung unserer inneren Politik ziemlich genau mit meinem Ausscheiden aus dem Staatsdienste coincidirt.

Dass ich im Jahre 1873 stillgeschwiegen, hatte darin seinen Grund, dass nach den Lehren der Geschichte dieselben politischen Leidenschaften, welche die Anklage dictiren, auch die Verurtheilung zu bewirken pflegen und dass ich es um so mehr vorzog, meine amtliche Stellung zu quittiren, als dieselbe ohne einen energischen Rückhalt bei meinem Vorgesetzten, den ich leider in der Lasker-Affaire nicht fand, überhaupt ein verlorener Posten war. Was mich sonst noch einigermassen frappirte, war, dass es Niemand als einen Widerspruch empfand, gefürstete Personen, die höchsten Würdenträger der Krone, mit einem anderen Masse zu messen, als mich, den kleinen bürgerlichen Beamten, und dass Vorkommnisse, welche man mir gewissermassen als ein Verbrechen anrechnete, an der Stellung jener Herren spurlos vorübergingen. Es erinnert mich dies an einen

Ausspruch von Justus Moeser, welcher sagt: „Wenn es in der Welt blos nach Verdienst ginge, müsste sich jeder anständige Mensch gleich todtschiessen." Ich habe niemals an der Börse gespielt, ich habe mich niemals an dem Coursgewinn unter günstigen Umständen emittirter Actien betheiligen lassen und alle die Ausstreuungen, als hätte ich grosse Schätze gesammelt, waren eitel Lügen. Mein Wahlkreis Neustettin ist wenigstens so anständig gewesen, mir seinerzeit durch eine mit vielen Unterschriften versehene Adresse seinen Dank für das, was ich für den Kreis gethan, in höchst anerkennender Weise auszusprechen, und ich glaube zu wissen, dass dieser Dank in neuerer Zeit noch gewachsen ist.

Im Uebrigen ist in einer neuerdings erschienenen Broschüre über Lasker von Arthur Wolff sehr überzeugend nachgewiesen, dass das Auftreten dieses Börsenmoralisten am meisten die eigene Partei getroffen und verwundet hat und dass die geschäftskundigen Mitglieder der Partei auch sofort den Stab über ihn gebrochen haben. Es heisst dort: „Im Februar 1873 verleugnete die liberale Partei, wenn auch nicht um der Sache willen, sondern mehr aus politischen Gründen auf wirthschaftlichem Gebiete ein Stück ihres Werkes und im April desselben Jahres sah sich der Reichstag von Petitionen überfluthet, die sich gegen das ganze Werk richteten, und zwar mit ausdrücklicher Berufung auf den ersten wuchtigen Stoss gegen das Werk von Lasker'scher Hand, und seitdem hat der Ansturm gegen dieses nicht aufgehört. Herr Lasker wollte allerdings, nachdem er seiner Rancune gegen Wagener Luft gemacht und sich als den sittlichen Helden Deutschlands hingestellt hatte, dass damit die Sache vorbei sei. Die Sonne sollte stille stehen, aber sie bewegt sich doch! Das ist eine geschichtliche Thatsache, die nun einmal nicht wegzuleugnen ist.

Wie wenig sich Lasker dessen bewusst war, auf dem Feldzuge von 1873 sein eigenes Reich zu zerstören, haben wir angedeutet, indem wir bemerkten, dass die gegen den Grafen Itzenplitz erhobenen Anklagen eben so viele Verurtheilungen bis dahin geltender liberaler Anschauungen und Gesetze waren. Es liegt uns ein Commissionsbericht vom 9. März 1865 vor, unterzeichnet von lauter Mitgliedern der Fortschrittspartei, betreffend die Abgaben von allen nicht im Besitze des Staates und inländischer Eisenbahn-Actien-Gesellschaften befindlichen Eisenbahnen. Dieser Commissionsbericht gebraucht die schärfsten Worte der Verurtheilung für die Bestimmung des Gesetzentwurfs: „Verluste, welche bei den Operationen zur Beschaffung der Baumittel entstanden sind, werden dem Anlagekapital nicht zugerechnet." Die Commission fand diese Bestimmung ungerecht und undurchführbar. Das Plenum verwarf den Paragraphen gegen den Handelsminister. In späteren Jahren hat das Abgeordnetenhaus denselben Grundsatz, dass das Actienkapital beim Bau von Eisenbahnen nicht voll zum Bau zu verwenden, sondern ein Theil als Coursverlust unter die Baukosten zu verrechnen sei, in zahlreichen Fällen legalisirt. Als dann der Handelsminister diesen gegen seinen Willen von den Liberalen hartnäckig vertheidigten und durchgeführten Grundsatz in der Praxis gewähren liess, wurde darauf und nur darauf als auf eine Benachtheiligung des Publikums, die mit der Durchführung jenes Grundsatzes verbunden sei, die Anklage gegen den Minister aufgebaut. Es giebt nichts Flagranteres von Widerspruch und die Strafe konnte nicht ausbleiben." „Dem Grafen Itzenplitz — und in gleicher Weise auch mir — wurde als Vorwurf und als „Missverwaltung" besonders angerechnet, dass er es zugelassen, dass das Actienkapital beim Bau von Eisenbahnen nicht voll zum Bau verwendet, das Nominalkapital also wissentlich zu hoch angegeben und dadurch der Landmann, der Kleinbürger getäuscht sei, der Papiere gekauft habe, auf die nicht 100. sondern zum Beispiel nur 75 eingezahlt seien. So oft Graf Itzenplitz im Abgeordnetenhause Eisenbahn-Vorlagen einbrachte. die gegen diese Praxis Bestimmungen enthielten, strich sie ihm das liberale Abgeordnetenhaus als „drückende Beschränkungen", und als er darauf als constitutioneller Minister sich fügte, wurde dies am 7. Februar 1873 „Missverwaltung" genannt."

Leider hatte diese Angelegenheit für mich noch ein civilrechtliches Nachspiel. indem die Pommersche Centralbahn in Folge ihrer Discreditirung in Concurs gerieth und die ursprünglichen Begründer der Bahn auf Entschädigung in Anspruch genommen wurden. In diesem Processe wurde ich zur Zahlung einer Summe von rund einer Million sechs mal hundert Tausend Mark verurtheilt, und zwar wesentlich aus dem Grunde, weil ich eine Verkaufsordre mit unterschrieben hatte, durch welche Actien unter dem Pari-Course begeben wurden, und liegt es auf der Hand, dass diese Verurtheilung mit meinem vollständigen pecuniären Ruin identisch war. Jeder, der etwas von mir zu fordern hatte, drang auf mich ein, das, was ich besass, wurde verschleudert und die bekannte Erfahrung: „Freunde in der Noth, gehen hundert auf ein Loth" wurde auch mir nicht erspart. Nichtsdestoweniger möchte ich diese meine Unglückszeit nicht ungeschehen machen. Ich lernte in dieser Prüfung Mitfühlen und Mitleiden und erfasste erst dadurch den tiefen Sinn der Bitte: Vergieb uns unsere Schuld, wie wir vergeben unseren Schuldigern. Inzwischen habe ich mich so weit durchgekämpft, dass ich mich der Hoffnung hingeben darf, bald die Vergangenheit als hinter mir liegend behandeln zu können.

Selbstverständlich verlor ich auch nach meinem Austritt aus dem Staatsdienste das, was ich von Hause aus als meine Lebensaufgabe betrachtete: die weitere Entwickelung der socialen Frage, sowie den Austrag des Culturkampfes nicht aus dem Auge. Dagegen ist es durchaus unbegründet, dass ich auf den Sturz dieses oder jenes Ministers hingearbeitet und dass ich bei einem Diner mit dem Herrn Rodbertus, dem Herrn Professor Wagner und dem Dr. Rudolf Meyer mich zum Sturze des Ministers Delbrück verschworen habe. Wir begnügten uns zu constatiren, dass der betreffende Traiteur die sociale Frage in sehr ansprechender Weise für uns gelöst habe, wie dies auch aus einem Briefe des Herrn Rodbertus an den Dr. Meyer vom 8. November 1874 hervorgeht, in welchem es heisst: „Erst jetzt komme ich dazu, Ihnen für die angenehmen Stunden zu danken, die Sie mir in Berlin verschafft haben. Ihr freundlicher Besuch, bei mir sowohl, wie die Nummer des lukullischen Diners, die Sie mir und unseren Freunden eröffneten — Sie wissen doch, dass Lukull die Rang- und Brillant-Ordnung seiner Diners nach Zimmernummern geordnet hatte — war mir wieder ein Beweis der Freundschaft, die Sie mir nun schon seit einigen Jahren schenken. In die Hauswirthschaften des hiesigen Kreises habe ich durch die Beschreibung Ihres Diners einen wahren Erisapfel geworfen und alle Damen wollen nun versuchen, die Austern zum Sauerkohle so machen zu lassen, wie Sie es durch Ihren Leibkoch gethan. Gelingen wird es denselben nicht und ich beabsichtige noch, bei Herrn R. vor Weihnachten Privatstunden — hoffentlich unter Ihrer Assistenz — zu nehmen, um zu Weihnachten unsere hiesigen Küchen etwas firmer in der Imitation eingeschult zu haben. „Das Leben — und die Küche — sind doch schön."

Von Ministern und Staatsmännern haben wir dabei nicht gesprochen, schon um uns nicht den Geschmack zu verderben. Ueberdies hatte ich persönlich nicht die mindeste Veranlassung, auf den Sturz des Herrn Delbrück bedacht zu sein oder gar gegen denselben zu intriguiren. Trotz unserer verschiedenen Auffassung mancher Dinge stellte selbiger sich stets sehr freundlich und wohlwollend gegen mich, auch gab ich mich nicht der Illusion hin, dass wir nach seinem Rücktritt einen viel grösseren Staatsmann bekommen würden. Herr Delbrück war jedenfalls ein kluger und sehr unterrichteter Mann, was man leider nicht von Allen sagen kann, die seitdem über die politische Bühne gegangen sind, und hatte eine gründliche Schule unter dem Freiherrn von Bodelschwingh dem Aelteren durchgemacht.

Dass der Graf Roon sich nicht lange in seiner Stellung als preussischer Ministerpräsident halten würde, war mir von Hause aus klar und ist mir auch nicht unbekannt, wo der Stein des Anstosses für ihn lag. Sein Nachfolger, der Vicepräsident Herr Camphausen, war eine so charakteristische Erscheinung, dass seine Photographie genügt, um ihn richtig einzuschätzen. Als Bureaukrat, der von der Pike auf gedient, war derselbe den laufenden Geschäften durchaus gewachsen und befand sich als Finanzminister in der glücklichen Lage, seine Stellung mit den französischen Milliarden vergolden und die Verdienste der deutschen Armee sich selbst in Rechnung stellen zu können. Allerdings war sein Ruhm ein sehr passagerer und es war wie eine Ironie des Schicksals, dass es auch hier, wie bei dem Herrn Lasker, die eigenen Parteigenossen waren, welche den ersten Nagel zu seinem Sarge einschlugen.

Die weitere Entwickelung vollzog sich nach ihren eigenen immanenten Gesetzen. Mit dem Augenblicke, wo man die Schwenkung nach der liberalen Seite gemacht und damit einer vorsorglichen Behandlung der socialen Fragen einstweilen den Abschied gegeben hatte, waren die Richtung und der Inhalt der neuen Gesetzgebung des Deutschen Reiches in ihren Grundzügen von selbst gegeben, denn Arthur Schopenhauer hat leider nur zu sehr Recht, wenn er von dem freien Willen und der selbstständigen Initiative der Menschen nicht viel wissen will. Die Ereignisse sind stets stärker, als selbst die energischsten Menschen und das Wort „Der Bien' muss" gilt nicht blos in Russland.

Mit der Inauguration der liberalen Gesetzgebung war der Fortgang derselben so lange von selbst gegeben, bis man sich entschloss, mit dem Princip zu brechen, was bekanntlich auch heute noch nicht in dem erwünschten Masse und in vollem Umfange geschehen ist. Ich darf hierbei nicht verschweigen, dass ich mich mit der inneren Gesetzgebung des Deutschen Reiches seit dem Jahre 1873 bis zum Jahre 1879 auf fast allen Gebieten in einem principiellen Widerspruch befunden habe. Es war mir von Hause aus unzweifelhaft, dass man mit dem Betreten dieses Weges nicht allein einer gesunden Socialreform für längere Zeit den Abschied gab, sondern dass man mit der vollen Durchführung der manchesterlichen Principien je länger desto mehr die Herrschaft der Bourgeoisie, und zwar nicht blos auf dem volkswirthschaftlichen und socialen, sondern nothwendig auch auf dem politischen Gebiete etablire. Ausserdem ergab sich daraus von selbst eine fortschreitende Entfremdung und Erbitterung der Massen der Bevölkerung, deren Enttäuschung sich natürlich nicht gegen die Bourgeoisie und deren christliche und semitische Vorkämpfer, sondern gegen die Regierung richtete, so dass die sociale Bewegung von da ab einen sich steigernden politisch-revolutionären Beigeschmack gewann. Als im Jahre 1879 die Regierung in der wachsenden Verarmung der Masse und in dem sich steigernden Uebermuth der Bourgeoisie endlich zum Bewusstsein kam, dass es in der bisherigen Weise nicht weiter gehen könne, da war der günstigste Moment für die Behandlung der socialen Fragen bereits vorüber und die Entwickelung in ein Stadium eingetreten, wo das gesetzliche Uebergewicht der Bourgeosie bereits ein thatsächliches geworden war und man es nicht mehr mit der blossen Beseitigung von Gesetzesparagraphen, sondern mit der Ueberwindung factisch ausgebildeter Privilegien und Monopole zu thun hat. Es ist dies eine Kritik, die wir an erster Stelle an die Gesammtheit der Regierung und der conservativen Partei adressiren. Fürst Bismarck war und blieb vor Allem Minister der auswärtigen Angelegenheiten und war absolut ausser Stande, die innere Gesetzgebung persönlich im Detail zu controliren. Was ihn dabei persönlich interessirte, war die Wirkung derselben für die Consolidirung des Deutschen Reiches. Um so mehr aber wäre es die Pflicht seiner nächsten Umgebung und der Führer der conservativen Partei gewesen, die richtigen Principien festzuhalten und zu vertreten und einer Gesetzgebung, welche man jetzt vergeblich rückwärts zu revidiren versucht, bis auf's Messer zu widerstreben. Ich habe dies bis zum letzten Augenblick gethan und bin wohl hauptsächlich um desswillen angefeindet worden, weil ich als ein nicht unwesentliches Hinderniss für diese neue Gesetzgebung angesehen wurde. Ging doch ein namhaftes semitisches Blatt so weit, mich damals als den modernen Homann zu kennzeichnen.

Um diese meine Behauptungen zu rechtfertigen, wird es kaum einer eingehenden Prüfung der betreffenden Gesetze bedürfen, vielmehr genügt in dieser Beziehung die Kritik, welche die Gesetzgebung der letzten zehn Jahre an ihrer Vorgängerin, wenn auch bisher mit ziemlich zweifelhaftem Resultate, geübt hat. Der rothe Faden, welcher sich durch die Mehrzahl jener Gesetze ziemlich gleichmässig hindurchzieht, sei es, dass wir die Subhastations- und Executions-Ordnung, sei es, dass wir die Gesetzgebung auf dem kirchlichen Gebiete, sei es, dass wir die Behandlung des Grundbesitzes oder der Gewerbeordnung näher in das Auge fassen, ist die Nichtachtung der idealen und die Begünstigung der materiellen Güter des Volkes, ist die Bevorzugung des Gläubigers auf Kosten des Schuldners und die Begründung einer Vorherrschaft des beweglichen Kapitals, welche als Kapitalismus mit Recht als die Signatur der Gegenwart bezeichnet wird. Leider ist es indess eine bedenkliche Illusion, jene einmal etablirte und thatsächliche Vorherrschaft dadurch beseitigen zu können, dass man sich nachträglich principiell dagegen erklärt und Gesetze zu machen versucht, welche durch die reellen Mächte der Gegenwart von Hause aus lahm gelegt werden und höchstens als ein schwacher Ausdruck des guten Willens gelten können. Wer die Entwickelung des laufenden Jahrhunderts auch nur mit einiger Aufmerksamkeit verfolgt hat, der kann nicht darüber im Unklaren sein, weder dass die Herrschaft auf dem volkswirthschaftlichen und socialen Gebiete die entsprechende Herrschaft auf dem politischen unwiderstehlich nach sich zieht, noch auch dass es das gebräuchlichste und leider auch immer noch das wirksamste Taschenspielerkunststück der Bourgeoisie ist, jede unbequeme volkswirthschaftliche und sociale Frage alsbald auf das politische Gebiet hinüberzuspielen und das sociale Wehklagen der Masse der Bevölkerung mit dem Tamtam politischer Freiheits-Rodomontaden zu übertäuben. Es gelingt dies, wie wir dies leider vor Augen haben, wenn die Regierungen sich verleiten lassen, der gedrückten Menge statt socialen Brotes politische Steine zu bieten und den politischen Freiheitstiraden durch eben so angreifbare als unwirksame Ausnahmegesetze Vorwand und Nahrung zu gewähren. Ich verwahre mich hierbei ausdrücklich dagegen, als wollte ich den Dynamit-Attentaten und den Mordbubenstreichen, wie sie neuerdings namentlich aus dem freien Amerika importirt werden, irgendwie einen Freibrief ausstellen, vielmehr habe ich schon seit langer Zeit einer internationalen Vereinbarung in dieser Beziehung sehr entschieden das Wort geredet, freilich mit der Massgabe, dass ich mir nur alsdann einen Erfolg verspreche, wenn mit einem solchen Abkommen eine analoge Vereinbarung zur Beseitigung der Ursachen der Socialdemokratie Hand in Hand geht. Meine Meinung geht eben dahin, dass eine Polizei, welche derartige Schandthaten nicht ohne Ausnahmegesetze zu ermitteln und zu verhindern weiss, durch eine bessere ersetzt werden muss und dass selbst ·der bekannte Draco sich vergeblich bemühen würde, hier Einhalt zu schaffen, so lange die Quellen, aus denen solche Thaten erwachsen, ungestört weiter fliessen und die Lehren, welche eine derartige Weltanschauung rechtfertigen, von Staatswegen noch mit dem Scheine der Wissenschaftlichkeit umgeben werden. Wenn es wahr ist, wie die moderne Wissenschaft behauptet, dass der Mensch von der Thierwelt nicht specifisch unterschieden ist, dann sollte man ihn billigerweise nicht dafür verfolgen und bestrafen, wenn er sich auch als Thier benimmt. Dies vorausgeschickt, so muss ich meinerseits an der Ueberzeugung festhalten, dass die bisherige Socialreform, selbst wenn es. mehr als ich glaube, gelingt, dieselbe in das Leben einzuführen. auch nicht entfernt das leisten wird, was man sich in conservativen und Regierungs-Kreisen davon zu versprechen scheint.

Die Eintags-Ministerien, welche seit dem Jahre 1873 über die politische Bühne gegangen sind, eingehender zu kritisiren, verlohnt sich kaum der Mühe, da die Spuren, welche dieselben hinterlassen haben, theilweise schon wieder verwischt und ein grosser Theil derselben kaum als selbstständige politische Grössen angesprochen werden können. Es waren eben politische Kometen, welche, so lange sie sich in der Nähe der Sonne Bismarck befanden, eine Zeitlang mit erborgtem Glanze strahlten und mit ihrem hell erleuchteten Schweif sogar viel grösser aussahen. als sie in der That waren. Dagegen verlohnt es sich wohl der Mühe. die verschiedenen Parteibildungen aus jener Zeit und insbesondere das allmälige Hervortreten und Wachsthum der Fortschrittspartei näher in das Auge zu fassen.

Während es unmittelbar nach der Neubegründung des Deutschen Reiches die nationalliberale Partei war, welche mit überwältigender Majorität die Situation beherrschte und der Gesetzgebung ihre Färbung und Richtung gab, machte es sich nach kurzer Zeit schon bemerkbar, dass in dieser Partei mehr als zwei Seelen wohnten, dass dieselbe an einem Ueberfluss an grossen Männern und Parlamentariern krankte und dass die selbstständigeren und selbstbewussteren Elemente keineswegs mit der Rolle zufrieden waren, welche man ihnen von Regierungswegen zuzuweisen gedachte. Die Geschichte der siebziger Jahre erzählt von mannigfachen Versuchen, das preussische Ministerium aus den Reihen der Nationalliberalen zu rekrutiren, von einem an Castor und Pollux erinnernden Zwillingspaare Bennigsen-Stauffenberg, welches sich nur dadurch von der Schiller'schen Bürgschaft unterschied, dass der Fürst Bismarck sich weigerte. der Dritte im Bunde zu sein; von einer sich entwickelnden Jalousie unter den höchsten Häuptern: von einer beginnenden Zerbröckelung und von einer sich vollziehenden Secession, welche endlich in den letzten Tagen zu ihrer ersten Liebe zurückgekehrt ist.

Die neugebildete oder, genauer ausgedrückt, in der Bildung begriffene „Deutsche Freisinnige Partei" ist nicht mehr und nicht weniger als das Anerkenntniss der Thatsache, dass es nur einen politischen Moltke giebt und dass dies der Fürst Bismarck ist. Man glaubte auf Seiten des Liberalismus, den Moltke'schen Gedanken, „getheilt zu marschiren und vereint zu schlagen", politisch copiren zu können, und man hat damit bis jetzt kein anderes Resultat erreicht, als sich der ernsten Gefahr gegenüber zu befinden, die vereinzelten Streitkräfte und Schlachthaufen einen nach dem anderen aufgerieben zu sehen, freilich mit der nach beiden Seiten hin gleich bedenklichen Eventualität, allmälig wieder auf dem Punkte anzulangen, von wo wir im Jahre 1862 ausgegangen sind. Es ist nicht von ohngefähr, dass die siebziger Jahre so ganz besonders ministermordend gewesen sind, sodass uns von den Portefeuille-Inhabern der „neuen Aera" Bismarck's — wie wir das verflossene Jahrzehnt bezeichnen möchten — kaum noch ein theures Haupt geblieben ist. Camphausen, Hobrecht, Bitter, Delbrück, Achenbach, die beiden Eulenburg, Falk und Genossen: sie sind gleichsam wie in einer Geistersoirée an uns vorübergezogen, und von den meisten derselben wird die Geschichte kaum etwas Mehreres zu melden haben, als dass sie sich kurze Zeit vergeblich bemühten, die unversöhnlichen Gegensätze der Zeit mit einander in Einklang zu bringen und mit der legislatorischen Vollendung des manchesterlichen Systems in Deutschland die Unterdrückung seiner Früchte zu verbinden. Es ist bekannt, dass der Abgang des Einen und des Andern von einem kleinen öffentlichen Scandal begleitet war und dass sie mehr oder weniger mit dem Abgangszeugniss entlassen wurden, dass sie doch nicht die Leute gewesen wären, wofür man sie gehalten hätte. Meine Musse hat es mir ermöglicht, die betreffende Entwickelung, soweit dies in Ermangelung amtlicher Quellen ausführbar ist, mit besonderer Aufmerksamkeit zu verfolgen und wird es vielleicht den Einen und den Anderen interessiren, wenn ich das Resultat meiner Beobachtungen in aller Kürze zusammenfasse. Nicht ohne sorgfältige Erwägung habe ich die Periode bis zum Erlass der bekannten Allerh. Botschaft als die „neue Aera des Fürsten Bismarck" bezeichnen zu sollen geglaubt und wird es meine Aufgabe sein, diese meine

Behauptung im Einzelnen näher zu rechtfertigen. Unverkennbar war die mit dem Jahre 1874 in's Werk gesetzte liberale Wendung eine Wiederholung des Versuchs, das Werk, welches man gegen den Liberalismus begann, mit dessen Hilfe auszubauen und zu vollenden, und die Aehnlichkeit geht so weit, dass, damals wie früher, Armee-Reorganisation und Zerstörung aller noch vorhandenen corporativen Gestaltungen; Förderung der Religion und Culturkampf; gesetzliche Fixirung der Vorherrschaft des Geldkapitals und schüchterne missverstandene Versuche, die berechtigten Forderungen der socialen Partei zu befriedigen, ganz unbefangen neben einander hergingen und man an dieselben Leute in gewissem Sinne den Anspruch erhob, am Vormittag manchesterlich und am Nachmittag social, am Mittag culturkämpferisch und am Abend religiös zu sein. Es würde dies Alles fast unverständlich sein, wenn man sich nicht eben eine Reihe von Jahren in der Illusion bewegt hätte, in den beiden Schlagworten: nationale Gesinnung und Reichsfeindschaft die Zaubersprüche zur Ausgleichung aller Widersprüche zu besitzen. Es ist das Verdienst des Centrums, jene Illusionen gründlich beseitigt und damit Raum für eine gesundere Gestaltung geschaffen zu haben.

Um desswillen steht auch die eingehendere Beleuchtung des Culturkampfes und seines Verlaufes für mich im Vordergrunde, um so mehr als die Stellung, welche ich zu demselben einnahm, vielfach missverstanden und missdeutet worden ist. Selbstverständlich liegt mir nichts ferner, als das, was ich auf diesem Gebiete gesagt und gethan, irgendwie verleugnen oder vertuschen zu wollen. Angefangen von meiner sogenannten „Jesuitenrede", welche — beiläufig bemerkt — in der Beleuchtung meiner damaligen amtlichen Stellung verstanden sein will, sind meine Anschauungen, Bestrebungen und Zielpunkte stets dieselben gewesen. Ich kenne die römisch-katholische Kirche zur Genüge und habe mich deshalb niemals darüber getäuscht oder gewundert, dass jeder Versuch, die evangelische Kirche als eine gleichberechtigte Schwesterkirche anerkannt zu sehen, sowie jede staatliche Einmischung in die inneren Angelegenheiten der römischen Kirche an dem Non possumus der Curie scheitern würden und müssten. Herr Dr. Falk, dessen Charakter, persönliche Aufrichtigkeit und juristische Qualification ich stets sehr hoch geschätzt habe, hatte offenbar nur eine sehr mangelhafte Kenntniss sowohl von dem Wesen als von der Macht der katholischen Kirche und übersah, dass er es in dem Papst mit dem geistlichen Souverän von zweihundert Millionen kirchlicher Unterthanen zu thun hatte, welche ihrem Haupte ohne Armee und ohne Polizei auf das Wort gehorchten und mit demselben um so fester verbunden wurden, je mehr man sich bemühte, sie von ihm loszulösen. Desgleichen übersah derselbe, dass es in der katholischen Kirche nur eine Instanz giebt, welche sich in der Lage befindet und von Zeit zu Zeit auch geneigt gewesen ist, etwaigen Uebergriffen des römischen Stuhls Widerstand zu leisten, ich meine das bischöfliche Amt. Es war deshalb doppelt verkehrt, die Bischöfe zu brüskiren und die niedere Geistlichkeit, die stets ihren Rückhalt gegen Vergewaltigungen der Bischöfe in Rom gesucht hat, gegen den römischen Stuhl ausspielen zu wollen. Freilich waren auch die Bischöfe nicht in der Lage, eine die Grenzen der staatlichen Befugniss so weit überschreitende Gesetzgebung, wie solche sich in den sogenannten Maigesetzen darstellt, zu acceptiren, und der Dr. Falk stand deshalb von Anbeginn vor der Alternative, entweder viel weiter zu gehen, als ihm dies gestattet werden konnte, oder aber bereits besiegt zu sein, als er sich noch in den ersten Stadien des von ihm beabsichtigten Kampfes befand. Seine Ministerlaufbahn ist daher auch nicht ganz ohne tragischen Beigeschmack, wenngleich es ihm in etwas zur Beruhigung gereichen wird, dass auch seine Nachfolger über das Experimentiren noch nicht hinausgekommen zu sein scheinen.

Das Resultat, welches wir bis jetzt vor Augen haben, ist die festgeschlossene, auf kirchlichem Gebiete völlig einige und kraft ihrer Zahl überaus einflussreiche Centrumsfraction als der handgreifliche parlamentarische Ausdruck des Gegentheils von dem, was man angeblich anstrebte. Ist auch „die kleine Excellenz" nicht Papst in partibus, so ist er doch wenigstens Cardinal-Diacon in Deutschland. Auf die Details der Frage hier noch näher einzugehen, erscheint mir um so weniger angezeigt, als der Verlauf dieses leidigen Culturkampfes klar vor Jedermanns Augen liegt und ich überdiess meine persönliche

Auffassung sowohl in den Versammlungen der, aus Katholiken und Evangelischen gemischten, Socialconservativen Vereinigung, als auch in der kirchlichen und politischen Tagespresse ausführlich verlautbart habe. Ich weise Beides gleichmässig zurück: die Uebergriffe des Staates auf das kirchliche Gebiet nicht minder, als die der Kirche auf das staatliche Gebiet, und halte fest an dem zuerst von mir formulirten Antrage, auf den bekannten Boden der preussischen Verfassungsurkunde zurückzutreten und dem Vaterlande die Segnungen des kirchlichen Friedens wiederzugewinnen, dessen wir uns unter der Regierung des hochseligen Königs Friedrich Wilhelm IV. fast ohne jede Störung erfreuten. Schwerlich wird einer von den Trägern des heutigen Culturkampfes den Anspruch erheben dürfen, evangelischer zu sein, als dieser christliche König. Um so mehr bedauere ich es deshalb, dass die conservative Partei in ihrer Mehrzahl noch immer dabei beharrt, auf jede selbstständige Auffassung und Behandlung der kirchlichen Frage zu verzichten und ihre höchste Aufgabe darin zu suchen, wie dies kürzlich ausgesprochen wurde, als Arrièregarde den Rückzug der Regierung zu decken. Man hat bei diesem Ausspruch wahrscheinlich nicht bedacht, dass man damit weder sich selbst noch der Regierung ein Compliment sagt, wenigstens hat die Regierung bisher beharrlich in Abrede gestellt, sich überhaupt auf dem Rückzuge zu befinden. Ausserdem aber scheint mir die Haltung der Conservativen insofern einen handgreiflichen Widerspruch in sich zu beschliessen, als man auf der einen Seite ausdrücklich anerkennt, in den meisten jetzt obschwebenden wichtigen Fragen, insbesondere bei der Fortbewegung der Socialreform, auf die Cooperation der Centrumsfraction angewiesen zu sein und man doch auf der anderen Seite diese Fraction selbst in solchen Fragen im Stich lässt, wo man deren Ansprüche als sachlich begründet anerkennen muss. Wenn man es mit jener Cooperation ernsthaft meint und die Sympathien und die Unterstützung des Centrums nachhaltig gewinnen will, dann liegt nichts näher, als dass die conservative Partei im Ganzen und Grossen dieselbe Haltung einnimmt, auf welche sich diejenigen ihrer Mitglieder angewiesen sehen, deren Wahlkreis eine aus Evangelischen und Katholischen gemischte conservative Bevölkerung enthält.

Es genügt der Hinweis auf einzelne Wahlkreise in Westfalen und in Schlesien, um zu verstehen, was ich damit meine.

Aehnlich wie mit dem Culturkampf verhält es sich auch mit der weiteren Entwickelung der Socialreform. Auch hier bewegt man sich in dem unlösbaren Widerspruch, gleichzeitig die Ziele jener Reform, sowie die kapitalistische Grundlage der heutigen Gesellschaftsordnung festhalten zu wollen, und das Parallelogramm dieser gegeneinander wirkenden Kräfte kann natürlich kein anderes sein, als eine äusserliche Vermischung beider Systeme und eine wachsende Verstimmung beider Theile. Während der Vertreter der Socialdemokratie in diesen Tagen im Reichstage aussprach, dass die Regierung sich immer mehr von dem eigentlichen socialen Gedanken abgewandt habe und der Bourgeoisie entgegengekommen sei, behaupten die Vertreter des Kapitalismus im Gegentheil, dass die Vorlagen der Regierung noch immer viel zu sehr nach Socialismus schmecken und dass auch der Rest dieses Beigeschmacks abgethan werden müsse. Zwischen Beiden stehen die Regierung und die conservative Partei mit der Absicht der Ausgleichung und Versöhnung, die, wenn man auf dem bisherigen Wege beharrt, wahrscheinlich so lange fortgesetzt werden müssen, bis von den Vorlagen selbst nicht mehr viel übrig bleibt. Es ist dies um so befremdlicher, als das Mene tekel, welches heute von den Nihilisten und Anarchisten mit Dynamit und Nitroglycerin an die Wände der Staatsgebäude geschrieben wird, mir als eine sehr verständliche Schrift erscheint und namentlich als eine Schrift, welche die weltlichen Machthaber davor warnen sollte, sich bei ihren politischen Gastmählern nicht der heiligen, aus dem Tempel entnommenen Gefässe zu bedienen. Socialreform und Socialistengesetze: es wird dies Beides gleichmässig umsonst sein, wenn nicht die Geisteskraft der Kirche die corrumpirte Gesellschaft erneuert und wenn man nicht dem Tempel sein Eigenthum zurückgiebt.

Was eine sociale Ausnahme-Gesetzgebung leisten kann, beschränkt sich darauf, den Verkehr der socialistischen Agitatoren mit ihren Hinterleuten für eine Zeitlang zu erschweren und aus den öffentlichen Versammlungen in heimliche Conventikel zu drängen, das heisst in diejenige Treibhausluft, welche besonders

geeignet ist, die ungeheuerlichen Verbrechen der Neuzeit zur
Reife zu bringen. Zugleich bewegt man sich dabei in der bedenklichen Illusion, in den lautesten Schreiern auch die eigentlichen Führer zu sehen, während es doch diese stets verstanden
haben, sich im Dunklen und im Hintergrunde zu halten, sodass
es selbst der russischen Polizei noch nicht gelungen ist, von dem
leitenden Comité des Nihilismus auch nur eine Spur aufzufinden.
Wie in Russland, so ist es aber auch in den anderen Ländern, und
die Regierung in Oesterreich befände sich in einem grossen
Irrthum, wenn sie etwa der Meinung sein sollte, in den kürzlich
verhafteten Mordgesellen die Führer der anarchistischen Bewegung in Oesterreich ergriffen zu haben. Ebenso habe ich
nach meinen Wahrnehmungen darauf beruhen müssen, die intellectuellen Urheber der Attentate in Berlin nicht in den Kreisen
der deutschen Socialdemokratie, sondern in denen des russischen
Nihilismus zu suchen. Jeder praktische Jurist kennt den alten
Grundsatz, der niemals täuscht: Ubi commodum, ibi auctor,
und es waren die russischen Nihilisten und diese allein, welche
damals von jenen Attentaten einen Erfolg für sich erwarten
durften.

Verwunderlich ist mir dabei nur geblieben, dass man noch
immer darüber im Unklaren zu sein scheint, welche Förderung
man namentlich der Fortschrittspartei durch die bisherige Behandlung der socialen Frage gewährt hat. Hätte man die Behandlung so, wie sie begonnen war, fortgesetzt, so würde von
Fortschritt, speciell in Berlin, überhaupt nicht mehr die Rede
und Herr Eugen Richter begraben und vergessen sein. Dass
dieser Führer der Fortschrittspartei heute als eine politische
und parlamentarische Grösse erscheint, hat er nur zum kleineren
Theile sich selbst zu danken, in der Hauptsache steht er auf
dem Piedestal, welches ihm von anderer Seite errichtet ist.
Dabei bemerke ich ausdrücklich, dass mir nichts ferner liegt,
als dem Herrn Richter die Anerkennung versagen zu wollen,
die ihm unzweifelhaft gebührt. Derselbe ist ein unleugbar befähigter, sehr fleissiger, energischer, freilich auch rücksichtsloser
Mann, der mit sicheren Schritten auf ein bestimmtes Ziel losgeht, dessen Erreichung man ihm dadurch erleichtert, dass man
ihm durch missverstandene Gesetze die Möglichkeit gewährt,

sich seinen gefährlichsten Gegnern und Hintermännern gegenüber als freisinnigen Wohlthäter zu geberden. Meine fortgesetzte Beobachtung hat mir die Gewissheit verschafft, dass meine frühere Diagnose, nach welcher der gesammte Liberalismus dasselbe Ziel, nämlich die Erzielung der gesetzlichen und thatsächlichen Herrschaft sowohl auf dem volkswirthschaftlichen und socialen als auch auf dem politischen Gebiete von Hause aus einmüthig und nur auf verschiedenen Wegen verfolgt habe, die allein richtige ist.

Während die nationalliberale Partei Anfangs mit grosser Vorsicht und Mässigung nur auf dem socialen und volkswirthschaftlichen Gebiete voranging und erwartete, dass die politische Herrschaft ihr demnächst als reife Frucht von selbst in den Schooss fallen würde, hat die Fortschrittspartei stets daran festgehalten, Beides gleichmässig zu erstreben und um desswillen alle politischen Compromisse zurückzuweisen, doch ging auch die nationalliberale Partei niemals weiter, als dies unbedingt nöthig war, um ihre politische Basis nicht zu gefährden und die Fühlung mit dem leitenden Staatsmann, dessen Unterstützung man damals noch für unentbehrlich hielt, nicht zu verlieren. Je mehr das Selbstvertrauen wuchs, um so dreister trat man auf, und es war insbesondere die Mehrzahl der anerkannten Führer, welche je länger desto mehr nach links drängten und kein Bedenken trugen, die Maske fallen zu lassen, als die Reichsregierung Miene machte, sich auf dem socialen Gebiete rückwärts zu concentriren. Mit diesem Moment wurde der Reichskanzler in denselben Kreisen, welche ihn bis dahin als eine Art von politischem Halbgott verehrt hatten, der bestgehasste Mann, ein Changement, welches sich allmälig in der Person des Herrn Richter dahin zuspitzte, dass dieser Vorsänger des Liberalismus seine Hauptaufgabe darin findet, den Reichskanzler persönlich anzugreifen und zu verletzen. Die eigentliche Signatur der augenblicklichen Situation ist deshalb auch dahin zusammenzufassen, dass man heute auf liberaler Seite die Person des Fürsten Bismarck als das eigentliche Object des Angriffs betrachtet und dass die neue „Deutsch-Freisinnige Partei" hauptsächlich zu dem Zwecke gebildet wird, um dem Fürsten Bismarck, welchen man nicht mit Unrecht als den Schlussstein des deutschen Gewölbes und als den Tragpfeiler der gegenwärtigen Politik würdigt, seine Stellung und Aufgabe möglichst zu verleiden und zu erschweren, und so durch einen Personenwechsel zu einem Systemwechsel zu gelangen. Ob und inwieweit diese Speculation gelingen wird, ist freilich eine andere Frage, zumal der Staatsmann, welcher die Erbschaft des Fürsten Bismarck übernehmen soll und könnte, unter den gegenwärtigen Koryphäen der Freisinnigen doch wohl vergeblich gesucht wird. Immerhin aber müssen wir darauf vorbereitet sein, den vermeintlich gelösten Conflict wieder aufleben und den Kampf um die sociale und politische Herrschaft im Deutschen Reich, und zwar hier unter weitaus ungünstigeren Bedingungen, neu entbrennen zu sehen. Nicht allein, dass die Stellung des Kaisers im Deutschen Reich eine weniger klar definirte ist, als die des Königs von Preussen und dass insbesondere in Bezug auf die Etatsverhältnisse und das Veto mancherlei Zweifel obwalten: wir haben es heute nicht blos mit dem alten Preussen, in welchem die monarchischen und sonstigen geschichtlichen Traditionen noch stark genug waren, um den Conflict zu überwinden, sondern wir haben es auch mit Ländern und Reichsangehörigen zu thun, in und bei denen anderweite Traditionen obwalten und wo man eher geneigt ist, der falschen constitutionellen Theorie Zugeständnisse zu machen. Ausserdem haben wir heute kaum eine Aussicht, innere Conflicte unter auswärtigen Erfolgen begraben zu können, und es ist deshalb die dringendste Pflicht, in den bevorstehenden, in seinen Grundzügen schon heute klar zu übersehenden Conflict mit dem festen Entschlusse einzutreten, die deutsche Kaiserkrone eben so treu und furchtlos zu vertheidigen, wie seinerzeit die preussische Königskrone.

Wir werden bei diesem unserem Ausspruch weder durch Hass gegen die Bourgeoisie noch durch Uebelwollen gegen die Freiheit geleitet. Ich bin selbst ein Bürgerlicher, der, wie ich glaube, mehr auf Freiheit und Selbstständigkeit hält, als sehr viele von Denen, welche dieses Schlagwort stets im Munde führen. Herr Sonnemann hat ausnahmsweise ein richtiges Wort gesprochen, wenn er neulich im Reichstage den Ausspruch that, dass die Vernachlässigung der socialen Fragen und der Socialreform nicht blos unsere Civilisation, sondern auch unsere

Freiheit gefährde. Wer heute noch im Stande ist, in Frankreich Freiheit zu finden und Amerika als das Land der Freiheit und der Zukunft zu feiern, der sieht die Welt überhaupt nur durch seine trübe Parteibrille an und sollte billig nicht den Anspruch erheben, als Staatsmann verbraucht zu werden. Während in Frankreich der Baron Rothschild der wirkliche geheime König ist und die effective Verfassung Frankreichs als eine durch die hohe Finanz geleitete und gemässigte Ministerdictatur bezeichnet werden muss, ist die Verfassung Amerikas kaum noch etwas Anderes, als eine aller Flittern entkleidete Corruption und Bestechung und der durch den Revolver gemässigte Despotismus des allmächtigen Dollars. Wer eine derartige Verfassung auch für Deutschland wünscht, der mag den Kapitalismus auch bei uns weiter poussiren. Nur die äusserste Verblendung kann die Bourgeoisie heute noch in der Meinung erhalten, den Consequenzen ihrer eigenen Vordersätze entgehen und die andringende sociale Revolution nachhaltig mit Freiheitsphrasen beschwören zu können. Glaubt man dort in der That, dem Arbeiterstande auf die Dauer einreden zu können, dass es zwar ein sehr verdienstliches Werk sei, die bestehende Staatsordnung zu Gunsten der Burgeoisie durch blutige Aufstände umzustürzen, dass es aber ein todeswürdiges Verbrechen sei, einen derartigen Umsturz für eigene Rechnung in ähnlicher Weise in Scene zu setzen? Man wird schwerlich noch einen Arbeiter finden, der für eine derartige Moral ein offenes Ohr hat.

Selbstverständlich bin ich nicht so eingebildet, um mich für irrthumsfrei und meine eigene Auffassung für die allein richtige zu halten, Immerhin aber glaube ich das Recht zu haben, in diesen Fragen mitzusprechen, da ich mich seit länger als dreissig Jahren auf das Eifrigste mit denselben beschäftige und nebenbei darauf hinweisen darf, dass die bisherige thatsächliche Entwickelung meiner Auffassung durchaus Recht gegeben hat. Ausserdem aber halte ich, in Uebereinstimmung mit dem österreichischen Ministerpräsidenten, dem Grafen Taaffe, die Situation für so ernst, dass Jedermann die Pflicht hat, seine Ueberzeugung, Niemandem zu Liebe und zu Leide, nach bestem Wissen und Gewissen zu vertreten.

Es gereicht mir zur Befriedigung, in einer der letzten Nummern der „Germania" einer wesentlichen Zustimmung zu meiner Auffassung zu begegnen. Es heisst dort: „Von Plänen einer Reformpolitik in wirthschafts- und steuerpolitischer Beziehung ist uns nichts Greifbares bekannt. Und die Reformpolitik in socialpolitischer Hinsicht, also die Socialreform, fasst von den drei Aufgaben der Socialpolitik nur eine und auch diese nur zum Theil in's Auge. Weder von irgend welchen Gedanken der Regierung zur Einschränkung des überwuchernden Kapitalismus, noch von neuen Gedanken zur Abwehr der Gefahren, welche den beiden Mittelständen, dem Bauern- und Handwerkerstande, drohen, hat etwas verlautet. Selbst betreffs der dritten Hauptaufgabe der Socialreform, der „Arbeiterfrage", denkt man nur an die Arbeiterversicherungen, bekämpft also nur Symptome und Folgen, nicht Ursachen. Da wir auf Grund langer Beobachtung, sowohl im Culturkampf wie auch in der Wirthschafts- und Socialpolitik, wissen, dass die Regierung ohne eigene Fühlung ist mit den grössten Massen des Volkes und auch keine Berichterstatter im Lande zu haben scheint, welche ihr richtig über diese Stimmungen berichten, so wollen wir ihr an einem praktischen Beispiele klar machen, wie wenig sie bei den Arbeiterversicherungen die Bedeutung derselben an sich wie die Wirkung derselben auf die Stimmung in den Arbeiterkreisen überschätzen darf. Steht auf der einen Seite die obligatorische Kranken-, Unfall- und Altersversicherung und steht dem gegenüber auf der anderen Nichts derart, also nur freie Kassen und wegen der Unfälle etwa eine Aenderung der Beweislast im Haftpflichtgesetz, dabei aber ein wirksames Gesetz über Normalarbeitstag, Sonntagsruhe und Frauen- und Kinderarbeit, dann stellt sich die immense Mehrheit der Arbeiter, auch der nicht socialdemokratischen, auf die letztere Seite und lässt die gesetzlichen Arbeiterversicherungen um der werthvolleren Regelung der Arbeitsverhältnisse willen fahren." Soweit die „Germania".

Wenn ich dabei die Thätigkeit der Bureaukratie bemängelt habe und bemängle, so verkenne ich keineswegs die guten Eigenschaften, sowie die Ehrenhaftigkeit derselben, sehe vielmehr gerade in der Ueberzeugungstreue eines in manchesterlichen und liberalen

Traditionen aufgewachsenen Beamtenthums den wesentlichen Grund für den relativen Stillstand der Socialreform und basire darauf das Verlangen nach wirklicher Corporationsbildung und Schaffung neuer Organe. Ich bin mir dabei bewusst, Nichts mehr zu erstreben, als trotz der Behandlung, welche ich erfahren habe, meinem Vaterlande zu dienen, soweit meine Kräfte noch reichen, da ich neuerdings in mein siebzigstes Lebensjahr eingetreten bin. In diesem Alter verschwinden alle weltlichen Illusionen und man beschäftigt sich vorzugsweise mit den Dingen, die jenseits der Grenze liegen.

Dass ich eine Zeitlang an der inzwischen eingegangenen „Deutschen Landes-Zeitung" sowie an den „Politischen Gesellschaftsblättern" betheiligt gewesen bin, darf ich als bekannt voraussetzen. Ich habe dort meine conservativen Erfahrungen vervollständigt, und könnte wohl mit einer gewissen Schadenfreude darauf zurückblicken, in wessen Hände seitdem dieser Zweig der conservativen Presse gefallen ist. Da ich mich indess weder selbst rächen, noch bestimmte einzelne Personen angreifen will, so habe ich allen derartigen Erörterungen Schweigen geboten und überlasse der weiteren Entwickelung die endgiltige Kritik.

Es würde undankbar sein, wenn ich es unterlassen wollte, noch ausdrücklich zu erwähnen, dass ich nicht nur ausserhalb, sondern auch innerhalb der Kreise der conservativen Partei treue Freunde gefunden habe, Freunde, welche mir ihre Freundschaft nicht blos mit Worten, sondern auch mit der That bewiesen und mich dadurch in den Stand setzten, die über mich verhängten Prüfungen so weit zu überwinden, dass ich — wie schon bemerkt — hoffen darf, den Schmutz, mit welchem man mich beworfen, als Staub abschütteln zu können. Wenn ich es unterlasse, Namen zu nennen, so geschieht es lediglich um desswillen, weil ich weiss, dass diese Freunde öffentliche Lobeserhebungen nicht lieben.

Bei der Wichtigkeit der Sache kann ich indess diese kleine Schrift nicht schliessen, ohne noch einen kurzen Blick auf die kürzlich im Reichstage gepflogenen Verhandlungen über die Verlängerung des sogenannten Socialistengesetzes geworfen zu haben. Für mich ist die Frage nach dem schliesslichen Resultat der Berathung eine relativ untergeordnete, da, wie die

Verhältnisse heute liegen, weder die Aufhebung noch die Verlängerung die Situation wesentlich verändern dürften. Dagegen lege ich einen besonderen Werth auf eine Beleuchtung der Frage, wie ich sie aus der Rede des Herrn Reichskanzlers gewonnen zu haben glaube. Nicht ganz mit Unrecht wird in der „deutsch-freisinnigen" Presse darauf hingewiesen, dass in dieser Rede die Fortschrittspartei ganz besonders heftig und bitter und schärfer angegriffen worden sei, als selbst die Socialdemokratie, und dass daraus die Schlussfolgerung gezogen werden müsse, dass der Reichskanzler den Fortschritt resp. dessen Nachfolgerin, die deutsch-freisinnige Partei, als seinen schlimmsten Feind betrachte.

Wäre dies aber der Fall — und man pflegt ja zu sagen, dass die nächste Gefahr stets die grösste sei — dann würde es doppelt unverständlich sein, die Ausnahmegesetzgebung gegen die Socialdemokratie damit zu rechtfertigen und die Rückkehr auf den Boden des gemeinen Rechts um desswillen zu verweigern, weil man es vermeiden wolle — wie dies namentlich von conservativer Seite ausgesprochen wurde — andere Parteien, und also auch die Fortschrittspartei, in Mitleidenschaft zu ziehen. Mit anderen Worten würde dies heissen: eine Ausnahmegesetzgebung aus liebevoller Rücksicht auf Liberalismus und Fortschritt, eine Rücksicht, die sich um so mehr dem Verständniss entzieht, je weniger eine solche in der Sache selbst ihre Rechtfertigung findet. Dass die freisinnige Bourgeoisie keine unbedingte Feindin revolutionärer Gewaltthat ist, hat dieselbe nicht nur in Frankreich, sondern auch anderswo handgreiflich erhärtet, und es ist deshalb schon an sich durchaus fehlerhaft, die Neigung zur Gewaltthat als eine specifische Ausnahme-Eigenschaft der Socialdemokratie anzusehen und darauf deren exceptionelle Behandlung zu basiren. Ausserdem bedarf es, um revolutionäre Gewaltthaten zu verhindern oder zu bestrafen, keiner Ausnahmegesetze, vielmehr ist hier durch das gemeine Strafrecht genügend Vorsorge getroffen. Will man daher hier eine verschiedene Behandlung eintreten lassen, so kann man dies nur dadurch scheinbar rechtfertigen, dass man die Gesinnung, aus welcher jene Thaten angeblich hervorgehen, als Massstab nimmt und dieselbe Handlung verschieden beurtheilt, je nachdem

sie aus einer fortschrittlichen oder socialdemokratischen Quelle
fliesst.

Dass eine solche Differenzirung den Principien der Gerechtigkeit und einer gesunden Gesetzgebung sowie Handhabung
der Gesetze nicht entspricht, dürfte kaum von irgend einer
Seite in Zweifel gezogen werden. Es giebt nur einen Richter,
der das Herz und die Gesinnungen richtet. Die menschliche
Gerechtigkeit hat es nur mit Handlungen zu thun. Noch
schneidender und ungerechtfertigter aber wird der Unterschied,
wenn man die Gesinnung als Object der Polizei und Strafrechtspflege etablirt, dieselbe Gesinnung aber verfolgt oder
frei passiren lässt, je nachdem die Objecte sind, an denen jene
Gesinnung sich bethätigt. Der Atheismus im Philosophenmantel
kann nicht allein frei passiren, sondern wird auch noch als besonders neue Weisheit gefeiert, so lange derselbe sich darauf
beschränkt, die christliche Kirche und deren Heiligthümer zu
verwüsten und alle von Gott abgeleitete Autorität in Frage zu
stellen. Dagegen wird er unter Strafe gestellt und komischer
Weise polizeilich verboten, sobald man in der Masse der Bevölkerung die offenbar ganz consequente theoretische Schlussfolgerung macht, dass, wenn es keinen Gott giebt, man keine
Veranlassung hat, sich vor demselben zu fürchten, seinen Geboten
zu gehorchen und die von ihm angeblich eingesetzten Autoritäten
anzuerkennen und zu ehren. Ebenso wird die materialistische
Weltanschauung, das moderne Sadduciäerthum, der neu ausstaffirte
Epicuräismus, die Beschränkung auf das Diesseits als eine ganz
plaisirliche Lebensanschauung gewürdigt, so lange sie sich in den
Kreisen bewegt, wo man die Mittel besitzt, sich das Diesseits
gut und schön gestalten zu können und wo man deshalb, nach
dem bekannten Grundsatze Après nous le déluge, die bestehenden
Zustände wenigstens für die eigene Lebenszeit zu conserviren
wünscht. Dagegen nimmt der Materialismus in den Augen der
Vertreter der bestehenden Gesellschaftsordnung sofort einen staatsgefährlichen Charakter an und muss mit allen Mitteln der Gesetzgebung und Verwaltung unterdrückt werden, sobald die
Masse der Bevölkerung auf den, doch eigentlich sehr nahe
liegenden, Gedanken verfällt, sich das Jenseits ebenfalls aus
dem Sinne zu schlagen und auch ihrerseits das Diesseits für

sich schön zu gestalten. Es ist vergeblich, gegen diese Logik der Entwickelung anzukämpfen, und wenn ich die Rückkehr auf den Boden des gemeinen Rechts verlange, so heisst dies eben nichts Anderes, als dass, wenn man die idealen Güter des Volkes vertheidigen will, dies nach allen Seiten hin gleichmässig geschehen muss und dass, wenn man die grundstürzenden Irrthümer der Gegenwart bekämpfen will, dies nicht anders geschehen kann als so, dass man die Quellen verstopft und keinen Unterschied weiter macht, ob es sich um die Schätze der Kirche oder um den Geldschrank des Börsenmagnaten handelt.

Leider stehe ich mit dieser meiner Auffassung innerhalb der conservativen Kreise ziemlich isolirt, denn wenn man auch die vorstehend entwickelten Grundsätze nicht geradezu bestreitet, so versagen dieselben doch jedes Mal den Dienst, sobald es sich um die Einführung in die Praxis handelt, und tröstet man sich alsdann mit dem Gedanken, dass es sich zunächst um die Abwendung der äussersten Excesse handle und dass das bisherige Verfahren schon die gute Wirkung gehabt habe, die Sprache der Socialdemokratie etwas gemässigter zu machen. Man muss auf dem Gebiete der Psychologie in der That sehr wenig zu Hause sein, um sich der Illusion hingeben zu können, dass die bisherige Behandlung besänftigend und versöhnend auf die Socialdemokratie gewirkt habe. Die vermeintlich gemässigtere Sprache ist nichts als der Ausdruck der Steigerung ihres Machtbewusstseins, durch welche die gleichzeitige Steigerung der Bitterkeit ihrer Stimmung sehr merkbar hindurchklingt.

Gewiss liegt doch Nichts näher als die Frage, was man in Russland mit der äussersten Anspannung der Polizeigewalt und mit den massenhaften Abschiebungen nach Sibirien bisher erreicht hat, und die Antwort wird der Wahrheit entsprechend kaum anders lauten können, als dass die Gewaltsamkeit und die Planmässigkeit der Attentate, ja der gesammte Charakter der revolutionären Bewegung sich mit der Gewaltsamkeit des Angriffs gesteigert hat, so dass selbst die geheime Polizei bereits zu einem Werkzeuge der anarchistischen Revolution geworden ist und man sich genöthigt sah, zur Gewinnung einer temporären persönlichen Sicherheit für den Czaren mit dem nihilistischen Executivcomité wie von Macht zu Macht zu verhandeln.

Dass dieselben Ursachen in anderen Ländern andere Wirkungen haben würden, ist eine durch Nichts gerechtfertigte Meinung, ja selbst ein internationales Schutz- und Trutzbündniss zwischen den Regierungen ohne angemessene sachliche Ergänzung würde als Gegenwirkung auch eine schärfere Zusammenfassung und Concentration der rothen Internationale zur Folge haben.

Wie es mir scheint, hat man noch niemals genügend darüber nachgedacht, woher es kommt, dass man trotz der sorgfältigsten Recherchen bisher auch nicht eine Spur von der Centralleitung der handgreiflich nicht nur durch ganz Europa, sondern auch über das Meer verzweigten, internationalen Verschwörung, ja selbst nicht einmal von den leitenden Comités der einzelnen Länder aufgefunden hat. Kann man sie nicht finden oder will man sie nicht finden?! Desgleichen scheint man mit einer gewissen Aengstlichkeit an der Frage vorüberzugehen, woher die Geldmittel stammen, mit denen die revolutionären Unternehmungen bestritten werden und die nach Allem, was man vor Augen hat, recht bedeutende sein müssen. Vielleicht würde man dort, woher das Geld fliesst, auch die eigentlichen Leiter der Bewegung entdecken.

Die Polizeipräfecten zu entlasten, um die Fürsten zu gefährden, das scheint mir keine richtige Politik zu sein, und doch liegt Nichts näher, als dass jede Ausnahmegesetzgebung den Widerstand der davon Betroffenen gegen die Gesammtheit des Staates und deren Repräsentanten richten muss. Zugleich ist Nichts gewisser, als dass man die Massen der Arbeiter nur unter der Voraussetzung der Führung der zeitigen Agitatoren entziehen wird, wenn man diese selbst in die Hand nimmt. „Man beseitigt nur Das, was man ersetzt."

Wenn ich in einem solchen Ausnahmegesetze auch nur die Möglichkeit erblickte, zur Förderung der persönlichen Sicherheit der deutschen Fürsten, insbesondere unseres theuren Kaisers, das Geringste beizutragen, so würde ich dasselbe lieber zweimal als einmal votiren; ich fürchte aber das gerade Gegentheil. Oder glaubt man in der That, dass die Attentate in Berlin nicht geschehen sein würden, wenn wir damals schon das Socialistengesetz und den kleinen Belagerungszustand gehabt hätten? Ich glaube nicht, dass irgend Jemand jene beiden

Mordgesellen als verdächtig betrachtet haben und der Ausführung ihrer Thaten mit Ausweisung zuvorgekommen sein würde. Menschen, welche sich zu solchen Schandthaten gebrauchen lassen, sind entweder von zerrütteten Sinnen oder Fanatiker, die sich nicht in öffentlichen Versammlungen bemerklich machen und die man erst kennen lernt nach Ausführung ihrer Thaten.

Wer das Gegentheil annimmt, dem fehlt jede Kenntniss von der Organisation, der Disciplin, der Verschwiegenheit und dem durch die unerbittliche Rache der Genossen garantirten stummen Gehorsam, die in jenen Kreisen herrschen, in denen solche Thaten beschlossen und zur Ausführung gebracht werden, und Nichts kann heute den Fürsten Sicherheit und Ruhe gewähren, als der feste Glaube, sich in der Hand und dem Schutze des allmächtigen Gottes zu befinden.

Soweit mir die Organisation und die Stimmung in der Arbeiterwelt, und zwar nicht blos in den Kreisen der Socialdemokratie, bekannt sind, ist es eine vergebliche Hoffnung und ein aussichtsloses Bemühen, die Sympathien der Masse für die Regierung und für eine conservative Socialpolitik zu gewinnen, so lange man dabei beharrt, dieselbe als Deutsche zweiter Klasse zu behandeln und unter Ausnahmegesetze zu stellen. Man empfindet es in jenen Kreisen mit steigender Verbitterung nicht blos als einen Widerspruch, sondern fast als eine bewusste Ironie, die Arbeiter auf den gesetzlichen Weg zu verweisen und ihnen diesen gesetzlichen Weg, wenn auch nicht geradezu zu verschliessen, so doch mit allen möglichen Hindernissen zu umgeben, indem man es ihnen beispielsweise auf das Wesentlichste erschwert, ihre Anschauungen und Bestrebungen bei den Wahlen zur Geltung zu bringen und hier auch den gesetzlichen Weg als den ungesetzlichen behandelt.

Ebenso versteht man in jenen Kreisen den Widerspruch nicht, dass man zwar ihren Abgeordneten gestattet und gestatten muss, das ganze Programm der Socialdemokratie zu entwickeln und zu rechtfertigen und mit der Autorität des Reichstages bekleidet in das Land zu schicken, während man ihnen, die sich keines Privilegiums gegenüber dem gemeinen Strafrecht erfreuen, viel zahmere Aussprüche unter Strafe stellt und ihnen den Mund verschliesst, auch wenn sie gegen kein Strafgesetz verstossen und obschon man ausdrücklich anerkennt, dass ihr Programm vieles Berechtigte enthält. Es ist kaum etwas dabei zu verwundern, wenn die also behandelten Arbeiter den Lockungen Derjenigen Folge leisten, welche sie auf den revolutionären Weg verweisen.

Endlich ist es nach meiner Ueberzeugung durchaus nicht so gar schwer, auf dem Boden des gemeinen Rechts ein Gesetz zu schaffen, welches mindestens dasselbe leistet, wie die Ausnahmegesetze und das dabei noch den Vorzug hat, auch Diejenigen etwas zu geniren, die zwar in den wesentlichsten Principien mit der Socialdemokratie einverstanden sind, sich aber allerdings in der glücklichen Lage befinden, auf dem materiellen Gebiete befriedigt zu sein und von den Grundlagen unserer Staats-Gesellschaft nur die Monarchie als solche anzugreifen. Je fester ich davon überzeugt bin, dass nur das sociale Königthum eine Zukunft hat, um so entschiedener glaube ich auch daran festhalten zu müssen, dass die Regierungen nicht die Bekämpfung, sondern die Führung der Massen als ihre wesentlichste Aufgabe betrachten.

Endlich aber habe ich das Parteitreiben genügend studirt, um zu wissen, dass die „freisinnige" Bourgeoisie für die Gefährlichkeit ihrer Glaubensartikel erst alsdann ein offenes Auge bekommen wird, wenn selbige sich zu einer nahen Gefahr für ihren materiellen Besitz krystallisiren und dass also man das Verhältniss der Parteien corrumpirt und die natürliche Entwickelung durchbricht, wenn man in diesen Process mit Ausnahmemassregeln eingreift.

www.ingramcontent.com/pod-product-compliance
Lightning Source LLC
Chambersburg PA
CBHW031452160426
43195CB00010BB/946